Jアプローチ

「4技能時代」を先取りする凄い英語学習法

上達の鍵はスピーキングだった!

米原幸大・晴山陽一

IBCパブリッシング

Contents

はじめに ……………………………………………………… 5

第1章 ──────────────────────── 11

Jアプローチとの出会いと日本人の英語習得の現状

Jアプローチとの出会いまでの経緯 ──────── 12
日本人の英語力は昔も今も世界最低レベル ───── 16

第2章 ──────────────────────── 25

英語はJアプローチで科学的・効率的に学習しよう

実用英語習得は緊急課題になりつつある ───── 26
Jアプローチが生まれた背景 ──────────── 30
言葉は音声が第一、そしてスピーキングが第一 ── 32
音声言語とグラマー ────────────── 35
グラマーとは ───────────────── 36

1 文型文法 ────────────────── 39

　1 間違えやすい冠詞 ──────── 40
　　A 間違えやすい a
　　B 間違えやすい the

　2 未来表現 ─────────── 46
　　A 「ほぼ起きる」と確定していることは現在形
　　B 「〜する予定にしている」or「（今まさに）〜します」は現在進行形
　　C 「〜するつもりだ」or「〜しそう」は、be going to
　　D 「〜だろう」or「（今決めて）〜するよ」はwill

2 発音・イントネーション ─────────── 51

1 発音	52
1 注意すべき母音	52

A [æ]
B [ɑ]
C [ə]

2 注意すべき子音	54
3 カジュアル発音－実際の英語の世界	56

A 機能語の口語発音
B 2語以上の語を簡略化するパターン

2 アクセント、イントネーション	61
3 言語文化	62
1 "Hi!(Hello! も含む)"と「こんにちは！」	65
2 "Take it easy." と「頑張って」	70

第3章 ———————————————————— 75

Jアプローチを使っての英語習得の具体的トレーニング法（メインワーク）

Jアプローチの使用を可能にする教材の特徴について —— 76

Jアプローチの援用を可能にする
日本語母語者のための英語教材の特徴について ———— 77

1 グラマーの詳しい説明があるか	77
2 広い英語の世界をカバーしてあるか	78
3 繰り返しが出来るか	79
4 言語文化上のルールもカバーしてあるか	80
5 いろいろな言語面を連動させて習得作業を行えるか	80
1 英作練習法による英語習得法	84
1 グラマーを読んでポイントの理解	84
2 英文を隠して日本文を見て即座に英語で言ってみる	84
3 口頭での練習や暗記	85

| **4** 音声データを使ってシャドーイング | 85 |

2 ショートパッセージ単位での練習 — 89

1 導入パラグラフ	90
2 本論のパラグラフ	91
3 結論のパラグラフ	91

3 ロングパッセージ単位での練習 — 94

第4章 ———————————— 97

リーディングとリスニング、そしてライティング(サブワーク)

1 リーディング — 99

1 簡略版ペーパーバック	99
2 無料でダウンロードできる Kindle 電子版	99
3 Wikijunior や Simple Wikipedia	100
4 Newsweek など	100
5 英語検定試験の長文問題	101
6 洋書	101

2 リスニング — 103

1 視覚情報があればベター	103
2 自分のレベルのその少し上をターゲットにする	104
3 字幕のあるものを選ぶ	104
4 聞けないフレーズは口慣らしをする	105
5 間を置いて何度も繰り返す	105

3 ライティング — 108

〈対談〉10年先の英語教育を見通して

米原 幸大 & 晴山 陽一 ———————————— 109

はじめに

**教材バラバラ法で
英語学習をやっていませんか？**

　日本の書店では雑誌による英語学習法の特集をよく目にします。パターンは大体同じです。リーディングはこれらの本がオススメ、英会話はこれら、リスニングはこれら、文法はこれら。そしてさらに細分化され、単語はこれら、熟語はこれら、発音はこれら、冠詞はこれらといった感じの紹介で、この細かく分ける「バラバラ法」は多くの英語習得のノウハウ本もベースにしています。ネイティブが母語として英語の習得をするときのことを想像していただきたいのですが、英語はこんな風にバラバラにして習得するものでしょうか。

　私自身もこの「教材バラバラ法」をあたりまえの英語学習法として使ってきました。しかしアメリカのコーネル大学で日本語教授法のクラスを履修した時、私のそれまでの外国語学習法の"常識"は完全にひっくり返されてしまいました。アメリカ人の学生たちは、私たち日本人の英語学習法とはまったく異なった発想での学習法で、かなり流暢な日本語でコミュニケーションができるようになっていたのです。その教授法・学習法は、ジョーデンメソッド、またはジョーデンアプローチ（以下Jアプローチ）として有名であることを後に知ることになります。

はじめに

Jアプローチ：話す力の向上をベースに読み書きと聞く力を効率よく伸ばす方法

　Jアプローチは、コーネル大学名誉教授で言語学者のエレノア・ジョーデン博士が開発した難言語教育法・学習法で、スピーキングの習得作業をベースにして、他の3スキルの聞き、読み、書きの習得レベルを効率的に上げる方法です。

　適切にスピーキングができる表現は、リスニングもライティングもできるようになります。リーディングも英文が語順通りに頭の中でプロセスできますので、読むスピードが格段に早くなります。「スピーキング力が英語運用能力のインフラであり、読み書きの力を下支えし、聞く力を横支えする」(『英語学習論：スピーキングと総合力』主要英語検定は全て満点の青谷正妥京大准教授)、「言語学の研究によると、リーディングやリスニングといった受け身の学習は、12歳くらいまでの子供の英語力の向上には貢献するが、大人にとってはあまり効果がないことがわかっている。大人の英語総合力を最も効果的に向上させるには、まずスピーキング能力を開発することが有効だと実証されている」(『週刊東洋経済2012.6.2』イエール大学ウィリアム・バンス博士)ということです。ですので、イエール大学開発の英語のテスト(E-CAP)にはスピーキングしかありません。スピーキング能力を測れば英語力がわかると考えているからです。

　日本の学校でのリーディングを中心とする英語学習法はスピーキングとリーディングが逆転する逆立ち法で、費やす時間とエネルギーの割には進歩のスピードがかなり遅くなります。

中国語を漢文訓読法で学習するようなものだからです。こちらも「教材バラバラ法」で、今年(2015年)の3月に文科省から、今の高校3年生の英語力は中学レベルを出ていないという衝撃的な発表がなされたばかりです。日本では読み聞きしかないTOEICが最も人気のある英語検定試験であるところからもわかるように、この英語学習のパターンの影響は学校を出て社会人になっても続いてしまっています。

スピーキングの練習は、ピアノのレッスンで言えば実際にピアノを弾く練習をすること、野球で言えば実際に走攻守の練習をすることにあたります。楽譜を読んだり野球のルールブックを読むことを中心にするようなアプローチではまずいわけです。

Jアプローチはハーバード大、プリンストン大、イエール大など世界のトップ校でも使用

Jアプローチは70年ほどの歴史があり、その間一貫して対象言語のより効率的な習得を追及しつつ今日に至っています。英語圏ではハーバード大学やプリンストン大学など、タイムズ社発表の世界ランキングのトップ20大学のなんと6割の大学で使用実績があり、限られた学習期間にも関わらず日本語などの難言語習得(日本語母語者にとっての英語も難言語です)に関して圧倒的な実績を上げています。

作家の村上春樹氏
Jアプローチの凄さの目撃者

　例えば、村上春樹氏は自身のエッセイ『やがて哀しき外国語』の中でプリンストン大学で教えた日本文学のクラスについて触れていますが、「教職員も生徒もだいたいみんな流暢な日本語を喋る。僕なんかが喋る英語なんかよりもはるかに流暢」だと書いています。つまり日本文学を日本語で読んで、その内容について日本語で議論ができているのです。

　またイエール大学の助教授だった斎藤淳氏も、アメリカ人学生の日本語は「3年で流暢に会話できるレベルになれる」と書いています（『世界の非ネイティブエリートがやっている英語勉強法』）。

　日本語は英語母語者にとって最も難しい外国語で、中学や高校での彼らの日本語履修歴はゼロであることを考えれば、これらの大学での学生の日本語力は驚異的と言わざるを得ません。これらの大学の学習法は、いずれもスピーキングをベースに他の3スキルもバランスよく習得を目指すJアプローチなのです。

日本語母語者による英語習得のポイントは、
英語母語者による日本語習得のポイントと重なる

　日本語母語者にとっての英語がコインの表だとすると、英語母語者にとっての日本語は同じコインの裏になります。両言

語の学習には注意すべきポイントに関して共通点がたくさんあります。というか共通点だらけです。外国語習得のポイントは学習者の母語とのズレ、という性質があるからです。例えば本書の2章に「こんにちは！」と"Hi!"の日英の使い方の違いに触れてありますが、たくさんある違いの中で一例だけ挙げれば(幾つもあるポイントのわずか1例です！)、「こんにちは！」は基本的に昼前から日中に使用は限られますが、"Hi!"は朝昼晩の一日中使えます。英語母語者が日本語学習する場合と日本語母語者が英語学習する場合に意識すべきは正にこの日英のズレなのです。

つまり英語母語者が日本語の学習する場合は、"「こんにちは！」は昼前から日中に使用が限られる"ことがポイントになり、逆に日本語母語者が英語の学習をする場合は"「Hi!」は朝昼晩1日中使う"ことがポイントになります。それを知らないと、使うべきときに使わず、使うべきときではないのに使うといったトンチンカンなことになりやすくなります。ほとんどのテキストは「こんにちは！」=「Hi!」と簡略化して終わりです。Jアプローチでは日英のズレのポイントにフォーカスしますので、プラクティカルな言語習得が可能になるのです。

ポイントは日英のズレなので、
他国の英語学習・英語教育は参考になりにくい

一方、私たちが他国の英語教育やアメリカなどの英語圏での英語教育を参考にしようとしても、それはあくまでも別のコ

インの話のことなので参考になるポイントは限られます。ですので、フィンランドやインドの英語学習法がどうのとかいった話や、ハーバード大流の英語習得法といった本も正直かなり違和感を感じます。肝心のポイントである日英のズレといった具体論になればもうお手上げになるからです。

適切な教材とJアプローチの援用で
あなたも英語の習得はできる

　英語母語者にとってあまりインセンティブのない日本語の学習でさえこれほどの実績がJアプローチにはあります。一方英語は世界共通語で、日本では就職や昇進に有利で、出向や旅行にも大変有用であるなどインセンティブがたくさんあります。それ相応に英語習得に対して大変な情熱があり、時間的にも環境的にも大変恵まれている私たち日本人は、Jアプローチの言語学習法を利用すれば、英語圏の日本語学習者よりはるかに成功すると確信しています。

　効果的な英語学習のポイントは「どういうアプローチでやるのか」、そしてそのためには「どういう教材を使うのか」しかありません。この２つのポイントをシッカリ押さえれば、いろいろな英語学習のノウハウ本をあさりつつ、いろいろな英語の教材に手を出し、延々と堂々めぐりを続ける必要がなくなるのです。

第1章

Jアプローチとの出会いと日本人の英語習得の現状

Jアプローチとの出会いまでの経緯

**留学では英語力はあまり伸びない
日本人の厳しい現実**

　私は学校での読解中心の英語学習は大の苦手でした。社会人になってからより実用的な英語の学習に目覚め、ネイティブとの英会話レッスン、ラジオ英会話、簡略版のペーパーバックのリーディング、英語サークルへの参加、英検のテスト勉強など、いろいろな方法で英語習得を試みました。しかし、私の英語力はなかなか伸びてはいかず、徐々に英語習得の特効薬だと一般には信じられている語学留学を考えるようになります。

　そして、円高が一気に進んだのを機についに1年間の英語留学をする決意が固まります。虎の子の貯金を使っての私費留学でしたのでそれなりに真面目に勉強したつもりです。しかし、特にオーラル英語について言えますが、予想に反してなかなか英語力は伸びてはいきませんでした（これは日本からの語学留学者の多くが実際に経験することです）。英語圏に行って英語に1年間ドップリ浸かれば、英語はある程度流暢にしゃべれるようになれるだろうという甘い見通しは見事に打ち砕かれることになります。

それで、仕方なくそのままアメリカに残って大学院で英語教育法のプログラムを履修することにしました（当時の大学や大学院に入るために必要な旧TOEFL試験は、今のTOEICのようなリーディング、グラマーとリスニングだけのスピーキングがないペーパーテストで、日本人にはしかるべき点をとるのは比較的楽でした）。そこでの日本人のクラスメートは元高校の英語の先生も何人かいましたが、私を含め英語の議論にほとんど入っていけるようにはならない厳しい現実をここでも思い知らされることになります。

> **Column** ● ● ● **いろいろある"英語"のどれを選ぶか**
>
> 　ターゲット英語は米語が無難だと思います。イギリス英語と縁がたくさんありそうな場合は英語でもいいわけですが、政治力が圧倒的にあり、文化の発信力の強い米語が世界を席巻しています。ですので、イギリスのケンブリッジ大学出版の英語のテキストも米語だったりします。米語ができると、世界の多くの「英語」の話者とコミュニケーションができます。逆に、具体的なターゲットのないいわゆる「国際英語」（実質的には日本語英語）ではそれは無理です。そもそも「国際英語」は「概念」であって実態がありませんので、教材も当然作れません。
>
> 　北米のJアプローチでの日本語プログラムでは、ターゲットとする日本語はハッキリしています。それは、日本語の世界で圧倒的に使われている東京弁です。日本語には東京弁だけでなく、関西弁など地方に多くの方言もありますし、韓国、台湾、ブラジルにも日本語があります。いろいろな日本語があるので東京弁にこだわる必要はない、というスタンスで英語母語者が「最難」外国語の日本語学習を始めると、通じないことで有名なAbominable Japanese（ひどく嫌な日本語、お粗末な日本語）になることはほぼ間違いありません。日本語と英語はお互いあまりに違いすぎるからです。

英語圏への日本人出向者の
厳しい英語生活

のちに北米の日系の会社で(下手な)翻訳兼通訳者として働いてわかったことですが、英語の習得状況に関して日本人出向者はもっと問題があり、日本人1人に対して何十人という英語のネイティブの中で毎日数時間、計3〜4年間ほど費やしているにもかかわらず、ほとんどの日本人は大体片言英語で終わります。

よく英語関連の宣伝で目にする、「留学しないで英語を習得」とか「日本に居ながらに英語を習得」といった文句は、留学すれば、英語圏に住めば英語習得ができるということが前提になっていると思いますが、それは現実とは全く違うのです。

Jアプローチとの
出会い

私がアメリカのアイビーリーグ大学の1つであるコーネル大学で夏季の日本語教授法のプログラムを履修し、Jアプローチと出会ったのはアメリカに来て4年目のことです(後にコーネル大学で客員講師として日本語を教えることになります)。「はじめに」でも書きましたが、そこでのJアプローチ体験は私自身の英語学習法に対する考え方を根底から変えるものになりました。元青森保健大学教授の赤坂和雄氏が毎日新聞の電子メール講義

の『英語教育』の中で「(コーネル)大学での日本語教育法を知ったときの驚きはショックで今でも忘れられない」「学生は大抵のことなら何の問題もなく日本語で話せるようになっていた」と書いていますが、私の経験も氏のものと全く同じものです。

　衝撃的なJアプローチとの出会いの翌年、私はジョーデン博士にお会いし、博士から直接薫陶を受けるべく、博士主宰のブリンマー大学での2ヵ月の日本語教授法のプログラムに申し込みました。博士はそのときすでに70歳代で移動は電動の車椅子でしたが、生徒にいかに効率的に日本語を習得させるのかに関して情熱を注ぎ続ける姿に大変感動させられました。その一貫した「学習者第一」の姿勢は、Jアプローチを使って教える・学習することのできる博士の教材にも直に反映されています。

日本人の英語力は
昔も今も世界最低レベル

　一方で、日本では多くの新しい英語の習得法が現れては消えるといったことを長年繰り返してきました。しかし、私たち日本人の英語力は世界最低レベルから脱する気配は一向にありません。アメリカのETS（教育関連のテストを供給する機関）のTOEFL iBTのオフィシャルガイドによると、日本人の平均スコアは世界で最低グループに入ります。あれだけ偏向して学ぶことになっているリーディングのスコアもかなり低いレベルなのですが、特にスピーキングに問題があり、このセクションは世界で単独最下位となっています。テスト対策の得意な東大生や京大生も例外ではなく、かなりのテスト対策をしてもスピーキングは世界で最低レベルか最下位という結果になっています。

　英語の習得がなかなかできない学校での読み中心の学習法の反動として、個々人でいろいろな試みが行われています。主に、ネイティブの先生と英語のみで書かれたテキストを使って学習する方法（これは語学留学も含みます）、いろいろな多くの教材を使って根性型で英語の習得を試みる方法、そして「簡単に英語の習得をするメソッド」を使うやり方、またはこれらのハイブリッド型があると思います。

ネイティブの先生とのレッスンの問題点

　日本では、実用英語習得といえば英会話スクールに通ったり語学留学をすることをイメージする傾向がかなりあります。

　日本の英語教育は「英語について学ぶ」、つまり英語を「習う」傾向が強く、その反動として「習うより慣れよ」式の英会話スクールがたくさんできました。英会話スクールは、多くの大学や企業にも英語プログラムを提供しています。しかし、ネイティブの先生による「習うより慣れよ」式英会話レッスンは自己矛盾なのです。ネイティブの先生は日本在住中に膨大な日本語に触れます。つまり「習うより慣れよ」の日本語の環境ですが、だいたい片言の日本語で終わってしまっています。

　また語学留学に行く日本人は非常に多く、英語圏の大都市にある英語プログラムではほとんどの履修生が日本人だった、といった話をよく聞いたことがあります。英会話スクールと共通しているのは先生がネイティブスピーカーで、テキストが英語で書かれているという点です。しかし、残念ながらこちらも英語運用能力が目に見えてついたといった話はあまり聞きません。私のTOEFL講座には語学留学経験のある履修生も少なからずいましたが、語学留学経験者とその経験のない生徒の英語力にはほとんど差がないのです。

　日本語母語者にとって、これほどの言語的距離がある英語は「最難」外国語（これについては後述します）相応の扱いが必要ですが、英語圏での英語プログラムは、英語と同源の言語を母語とするヨーロッパや中南米から来ている学生が多いので、どち

らかといえば「最易」外国語教育です。英語で書かれた教材は、日本語母語者が英語を習得するときの重要なポイントがゴッソリ抜け落ちています。先生も日本語母語者が英語の習得を試みるときのポイントをあまり知りませんのでポイント外れになります。そして、日本人の生徒たちは膨大な英語の洪水の中で何がポイントでそれをどう克服していいのかもわからず過ごすことになるのです。最難外国語教育のパターンで日本語と英語のズレにフォーカスし、それらを克服しない限り効率的な英語の習得は起こり難い現実があります。

ネイティブの先生の効果的な使い方

ネイティブに英文法について聞くのは、そのネイティブが英語と日本語の違いをキチンと勉強している場合は別として基本的には危険です。日本語母語者が英語母語者に日本語の文法を聞かれるという逆の場合を想像してみればわかります。例えば日本語母語者が、「行きます」と「行くんです」の違いを英語母語者に聞かれたとします。聞いた本人を納得させるだけの説明のできる日本人は一体どれ位いるでしょうか。

ただし、ネイティブは英語表現が自然か不自然か即座に判断できます。正しくないか不自然な英語は必ず(1)指摘をしてもらい、(2)モデルを見せてもらい、(3)リピートさせてもらいます。

一般に、英会話レッスンではネイティブが一方的にしゃべり過ぎる傾向にあるようです。日本人履修者がしゃべらないと、ネイティブは沈黙を嫌ってドンドンしゃべってきます。多くの日本人生徒たちはそれを頷きながら聞いていますが、それはバスケットクラブでプレーヤーの生徒たちを置き去りにしてコーチばかりがコートでプレーするようなものです(そもそも、日本式にしきりに頷く行為は英語のコンテクストでは不自然です)。時には自分の受けたレッスンを録音して、どれだけ自分が英語でしゃべったかチェックするのも良いと思います。決まり文句的な英語表現以外、あまりしゃべっていない可能性もあるのかもしれませんね。

良いネイティブの先生は、生徒から英語を引き出すタイプです(良いバスケットボールのクラブのコーチは、生徒に効果的にバスケットをプレーさせる人です)。生徒が自分の口と脳を使って英語表現を作って口に出さない限り、英語でしゃべれるようにはなかなかなりません(もちろん、レッスンまでの1週間で英語のインプット・アウトプットの練習をコンスタントに行うことが前提ですが)。

英語の達人に学ぶことの問題点

　では実際に英語習得に成功している英語の達人の方たちに習得方法を学ぶ、というのはどうでしょう。そのニーズは非常に高く、英語の達人の方たちご自身の経験から書いた英語学習のノウハウ本は多くの点数が出版され続け、非常によく売れているものもあります。

　どの分野においてもそうだと思いますが、英語習得法に関しても達人から学べることは少なからずあると思います。しかし、その英語学習法の紹介本の出版点数の多さにもかかわらず、日本人の英語力が世界最低レベルから微動だにしないのはなぜでしょうか。彼らの成功例が一般の人たちに広まってはいないのです。

　それはちょうど、「東大」を売りにして出版している東大出身の著者の本が高校生によく売れても、現実に東大に合格できる高校生は極少数のままであり続けることと同じ理屈なのかも知れません。英語の達人の方たちの英語習得法は一般の英語学習者に効果があるとは限らないのです。彼らは膨大な時間とエネルギーを割き、大きな障害をどんどん克服していける方たちです。一言でいえば、その学習法は「根性型」であり、ほとんどの英語学習者は遅かれ早かれ挫折してしまうやり方なのかも知れません。そして膨大に費やす時間とエネルギー相応に、英語のそれぞれのスキルに対してバラバラの多数の教材での学習法が推奨される傾向があるようですが、そういったやり方は時間あたりで考えるとむしろ非効率な学習法だと言えるのかもしれ

ません。

「話す」「聞く」「書く」「読む」のそれぞれのスキルには主従関係があり、それぞれをバラバラに扱えば教材の点数は多くなりますが、点数が多ければ多いほど、「繰り返し」が難しくなってしまいます。「繰り返し」は語学習得の極意で、それは本書でご紹介するJアプローチの肝となっていて、「繰り返し」使い続けられるメインの総合的教材が非常に大きな役割を果たしているのです。

"簡単に英語習得ができる学習法"の問題点

「1日5分であなたもペラペラ」とか「4週間で流暢な英語を話せるようになる」といったタイプの英語の習得メソッドの宣伝も凄まじいものがあります。先ほどの「根性型」と対極にあるメソッドといっていいと思います。

そもそも、各外国語の習得にかかる時間は大体わかっているのです。英語と私たちの母語である日本語とはお互いに関連性がなく、言語的距離が非常に大きい言語同士です。米国務省の付属機関の外交研修所(FSI)では、習得対象言語を最易外国語から最難外国語まで4つのカテゴリーに分け言語教育を行っています。英語母語者にとっての日本語は最難外国語で、同様に日本語母語者にとっての英語は最難外国語です。日本語母語者にとって「易しい英語」というのは残念ながら存在しません。

FSIは、それぞれのカテゴリーの外国語の初級、中級、上級、超上級レベルに到達するのに目安となる時間を示していますが、

最難外国語では全くのゼロから始めて中級で1320時間ほどです（上級では2200時間ほどかかります）。ということは、中級レベル到達に1日5分の勉強パターンでは一生かけても足りないのかもしれませんし、4週間での完成パターンでは1日数十時間もの英語の勉強が必要になってしまいます。

　ただし、それぞれの習得レベル到達に必要な時間はあくまでも目安です。プリンストン大学、イエール大学、コーネル大学の例に触れましたが、**Jアプローチのような効率性を極限まで追求している学習法の使用の場合だと、その各レベルの習得にかかる目安の時間をかなり下回る**ケースが多い印象です。逆に、アプローチの仕方によっては初級から脱出するのにさえ永遠の時間が必要になることもあるわけです。

　ちなみに、そのFSIは各レベルで具体的に何ができるかのCAN－DOリストを公表していますが、中級でも高度なレベルでかなりのことができます。多くの日本人は長期間英語を勉強することになっていますので、時間的には中級レベルはクリアできそうです。英語教育に熱心な私立校に通いつつ塾にも通い、そして大学での英語履修も含めれば上級レベルもクリアできるかもしれません。

> **Column** ● ● ● **習得レベルの個人差について**

　私は、アメリカの中レベルの大学、中の上レベルの大学、そして上レベルの大学で日本語を教えましたが、各レベルの大学ごとに生徒の日本語の習得効率はかなり異なっていました。同じやり方で日本語を教えてみて、中の上レベルの大学では上レベルの大学の6割くらい、中レベルの大学では上レベルの大学の3割くらいの効率性があった感じです(「3割レベル」といっても、現状の日本人の初級中の初級のオーラル力よりはるかに良いことは言うまでもありません)。日本の英語習得プログラムも、効率性に関しては、高校・大学によって、個人によって、かなり差が出てくると想像されます。

第2章

英語はJアプローチで科学的・効率的に学習しよう

実用英語習得は
緊急課題になりつつある

英語習得人口は
今後世界で30億人に達する

　実質、唯一の国際語となっている英語の習得人口は近年急激に増えてきています。ニューズウィークは、近い将来において英語でコミュニケーションのできる人が30億人に達するであろうと、各国の調査や専門家の話を基に予測しています。日本でも英語熱は天井知らずで、書店では英語関連本が大きなスペースを占めていますし、英語のテストは英検とTOEICの2つだけでも年間500万人を超えるのは時間の問題です。日本は世界最大の英語学習支出国といってもよいのかもしれません。この傾向はさらに強くなっていくものと予想されます。2020年には東京オリンピックが開催されますし、経済のグローバル化により企業もより実用的な英語力のある人材をますます求めてくることでしょう。

日本の入試にも
スピーキングテストが導入される方向

　そういった中、いつまでも日本の英語教育が読み中心のメソッドに固執するのもどうか、といった主張がかつてないほど声高に叫ばれています。その反映として英語の大学入試にもスピーキングの導入が現実味を帯びてきています。スピーキングセクションのあるTOEFL、英検、iTEP、GTEC、TEAPなどの外部試験を活用する方向のようですが。実際にスピーキングなどが入試に加われば、学校も塾も予備校も具体的にどう効率的に英語の4スキルの習得レベルを上げれば良いのかを真剣に考え、そして根本的なカリキュラム変更を行わざるを得ません。また日本では多くの企業が採用や昇進にリーディングとリスニングしかないTOEICを採用していますが、マークシートでテストされる「英語」はあまり実用的ではないと企業が気づくのは時間の問題です。すでに実用英語教育へシフトした韓国の企業の多く(約1300社)は、TOEICのみならずTOEICのスピーキングのスコアを求めているのです。

英語のスピーキング能力を
簡便にテストができるようになる可能性が大

　同時に学校英語の反動として生まれたネイティブの先生とのレッスンタイプのものや「やさしい学習方法」の実効性も評価

できることになります。入試へのスピーキングセクションの導入により、いろいろなスピーキングのテストが開発されアクセスができるようになるのは時間の問題だと思います。体重計無しにダイエットをするようなオーラル英語学習のパターンからようやく抜け出し、ネイティブの先生の実効的な使い方、メソッド評価・改良は今まで以上に真剣に考えられるようになることでしょう。

問題は英語の運用能力を伸ばせる
実効性のあるメソッドを見つけることができるかどうか

　その場合、どのようにして実効性のある形で効率的に英語の習得を行ったらよいのかが問題になります。根性型で膨大な量の英語を相手にするのか、これからしかるべき教材やメソッドが開発されるまで待つのか。前者のみならず後者もかなり非現実的です。かつてスーパーイングリッシュハイスクールのプログラムが立ち上がりました。時間的にも予算的にも恵まれた教育環境を指定高校に与え、しかるべき教材とメソッドを開発し、それを他の高校に広げていくということが大きな目的の一つでしたが、現実にはその「開発された教材やメソッド」はどこにあるのか、という結果に終わりました。そもそも生徒の英語力はせいぜい英検2級をパスすれば御の字、つまり英検2級保持者が20人から30人に増えた、といったようなレベルの「スーパーイングリッシュ」に終わったのです。英検2級レベルは実際には「サバイバルイングリッシュ」レベルで、かなりベーシックです。

> **Column** ● ● ● **グローバル？**
>
> 日本では英語にからんだ「グローバル」をキーワードにいろいろなプログラムが立ち上がっています。例えば、「スーパーグローバルハイスクール」「スーパーグローバル大学」などです。しかし、日本はアジアの英語力ランキングで今も昔も最低レベルで変化はなく、アメリカ嫌いの北朝鮮と最下位争いだったりします。北朝鮮は「スーパー非グローバル国」です。まず、「グローバル」を叫ぶ前に日本人の英語力をなんとかしなければ、英語力ランキングで北朝鮮と同じグループに属してしまっている日本の「グローバル」プログラムは、空回りをしてしまうのではないでしょうか。

語学習得法の実効性の判断で重要なのは"言葉"ではなく"実績"

　何よりも重要なことは、使う学習法に実績があるかどうかです（それとその学習法の使用を可能にする教材です）。本書でご紹介するＪアプローチは、最初に書いたように特に世界の超一流校が採用しています。彼らのシラバスを見れば一目瞭然ですが、それらの学校では習得が目的です。対象言語の運用能力がつかないと言語学習は何の意味もないと考えているからです。Ｊアプローチはハーバード大学など８校あるアイビーリーグの大学は全制覇していますし、マサチューセッツ工科大学、スタンフォード大学、ジョンズホプキンス大学、カリフォルニア大学バークレイ校、ミシガン大学、トロント大学などの世界有数の教育機関はじめ他の多くの大学や高校で使われ、その実効性は実証済みです。

Ｊアプローチが
生まれた背景

ジョーデン博士の
日本語との出会い

　Ｊアプローチを開発したジョーデン博士は、イエールの大学院生時代に日本語と出会いました。日本語を"音"として学習した、と雑誌のインタビューで述べておられますが、それが博士の人生の大きな分かれ道だったのかもしれません。他の大学院に進学し、読み中心に日本語を死語であるラテン語を扱うように学んでしまったら、日本語教育の道に進まれたかはなはだ疑問です。

第二次世界大戦中の日本語教育は
今の日本の英語教育よりはるかに進んでいた

　Ｊアプローチの源流は第二次世界大戦中にさかのぼります。当時から日本語教育は日本語の４スキル（聞く、話す、読む、書く）

の習得が目的で、「限られた時間の中でこれら4つのスキルをどうすれば効率的に習得させることができるのか」に関して言語学的知見を駆使して徹底的に研究がなされました。敵国の言語である日本語を使える人、つまり日本人捕虜の尋問や日本軍が残していった手紙や書類を翻訳できる人材が必要になったからです。

　ジョーデン博士は戦中から日本語教育に関わり、戦後は国務省の言語教育機関で日本語教育に携わります。日本では横浜にある米国務省日本語研修所の所長を務めたこともあります。その後コーネル大学で日本語教育に携わり、アメリカの日本語教育学会の会長も務めておられました。北米における高校・大学の日本語教育の発展に大きな貢献をし、日本語教育との関わりは88歳で亡くなるまで続きます。

　この長年に渡る日本語教育者としての歩みは、より効率的な習得法への飽くなき探求のプロセスで、Jアプローチは今や世界最高の難言語習得アプローチであると私は確信しています。

　私がコーネル大学やブリンマー大学で経験したJアプローチは、戦中の日本語教育で使われたメソッドよりはるかに進化していますが、そのかなり古い戦時中の日本語教育でさえ、今の日本の英語教育の50年先、韓国の25年先をいっている感じがします。現在日本がこれほど英語学習関連で環境的に恵まれていてもです。適切な学習アプローチ（そしてそのアプローチ使用を可能にする教材）の存在がいかに重要なのかを端的に示しているように思います。

言葉は音声が第一、そしてスピーキングが第一

スピーキングが
読み、書き、聞く能力を支えている

　すでに述べたように、読む、書く、聞く、話す、そしてグラマーはバラバラに存在しているわけではありません。私たちの母語である日本語を習得した経緯を考えてみれば分かりやすくなりますが、言語は音声言語がプライマリーで文字言語はその音声言語の上に乗っているに過ぎません。言葉とは音なのです。音声言語の中でもスピーキングが圧倒的に重要です。スピーキングとその他の3スキルは以下の関係にあります。

リスニングと
スピーキングとの関係

　スピーキングをすることにより、耳でもそのスピーキングをした英語を聞くことになりますので、リスニング力が向上します。

英語学習者がスピーキングをするときに文型や表現、そして発音やイントネーションに問題の出る英語は、そのリスニングにも相応の限界がきます。リスニングのためのリスニング作業だけでは、リスニング力そのものがあまり伸びないのはそのためです。

　通訳者には高度なリスニング力が求められますが、その能力は「リスニングのためのリスニング」作業のみでもたらされるものではありません。リスニングの際の「シャドーイング」など、スピーキング的な要素をふんだんに取り入れた練習の結果、初めて高度なリスニング力が伴うのです。

　自分でしゃべれない英語はリスニングに限界がきやすく、逆に自ら正しく自然な英語でしゃべれれば、その英語はスムーズにリスニングができるようになっています。

リーディングと
スピーキングとの関係

　言語の本質は音です。母語の日本語の習得を考えてみれば明らかですが、音としての日本語から習得が起こります。その音としての日本語があるという前提があってはじめて効率的にリーディングの習得ができるのです。その前提が無ければ、「リーディング」は reading ではなく decoding、つまり「読解」「分析理解」「暗号解読」で、英文を語順通りに理解しないで、その語順を頭の中でひっくり返して読むと言った、遅いリーディングになりやすくなります。

　こういった習得関係であるためか、私たちはリーディングを

行っている場合も、その読んでいる言葉を無意識に脳の中で音として響かせる傾向があります。"文字表現の意味を、ベースにあるオーラルに訊ねている"といった感じです。

ライティングとスピーキングとの関係

　スピーキングにて、正しい文型で、そして自然な英語表現で瞬時に言えれば、当然ライティングでも正しい文型と自然な英語表現でスムーズに書けます。

　北米留学の際受験するTOEFL iBTには、スピーキングとライティングの両方がカバーされています。結局高得点のために鍵となるのは、両セクションともバラエティーのある文型の使える文法力と、バラエティーのある英語表現力なのです。ですので、ライティングスキルを向上させる場合でも、スピーキングにて、文型パターンの理解ベースに、バラエティーある表現の引き出しをたくさん作る作業の積み重ねが必要になります。そうすることによって、スピーキングスキルのみならずライティングスキルもスムーズに伸ばすことができます。こういった文法パターンや表現の引き出しを増やす作業をオーラルにて行わなければ、英語でエッセイをいくら書いても、ライティングスキルの向上には限界があるのです。

音声言語とグラマー

**グラマーは読みには付かず、
音声言語に付く**

　日本の英語教育ではグラマーは読みにくっつけますが、グラマーは実際は音声言語にくっついています。母語で考えて見ればわかりますが、私たちは文字言語を習う前に母語である日本語でコミュニケーションができるようになります。つまり、グラマーは基本的に文字言語を介さないで習得するものなのです。後で詳述してあるスピーキングの練習テキストは実際には文字で書かれていますので、文字を全く介さないというわけにはいきませんが、文字はあくまでも音を目で見えるようにしたものに過ぎません。ともかく、**音声データとの濃い付き合いが重要であるという発想の転換が必要**です。テキストはその音声データの文法の説明であったり、音声データを文字に起こしたいわばレファレンスです。

グラマーとは

**グラマーは
文型文法だけではない**

　グラマーを文型文法だと誤解する人が多いのですが、グラマーはそういった文型的な正しさだけでなく、発音のルールやコミュニケーション上の自然さの決め手となる言語文化上のルールも重要です。コミュニカティブな英語の習得を試みる場合には、発音や言語文化上のルールはしっかりカバーする必要があります。

　この３つの中で、「言語文化」が何を指しているのか分からない英語学習者は多いと思いますが、コミュニカティブアプローチでの言語プログラムではこれをカバーすることは当たり前になっています。

　言葉はよく氷山にたとえられますが、見えない水面下には大きな部分があって、水面上に出た部分を支えています。言葉の場合、見えない水面下でその言葉を下支えしているのが言語文化で、それは「いつ、どこで、どのように」言語表現を使うのかに関するルールです。

例えば、代名詞である英語の「I」「we」と日本語の「私」「我々」は、個人志向の英語社会と集団志向の日本語社会とでは、当然使い方が異なります。言葉は言語社会の反映として存在するからです。ですので、I や we を学ぶ場合も「いつ、どこで、どう」使うのかに関して、コミュニケーション上気をつけるべきポイントをカバーする必要が出てきます（言語文化に関して具体的な例は pp.62 〜 73 参照）。

> ### Column　●●●　「バイリンガル」とは
>
> 　「バイリンガル」という語は英語教育でよく使われています。しかし「バイリンガル」の本当の意味があまり考えられないで使われている感じがします。
>
> 　「バイリンガル」とは、子供が2つの異なった言語社会での社会化の過程で2つの言語を習得する場合です。その条件ではどういうわけか「言語習得装置」が働き、本来的に複雑な言語を困難なく自然に習得できます。英語圏での日本人出向家族の場合、家が日本語の言語社会、学校など家の外が英語の言語社会で子供たちが成長する場合か、日本ではインターナショナルスクールに通う子供の場合が考えられます。
>
> 　ですので、日本におけるクラスに英語のネイティブの先生がいても、子供たちが日本語母語者ばかりだと「バイリンガル」の環境にはなりません。子供の成長とともに社会化の起こる英語の言語社会がないからです。そのクラスの場合、「日本の言語社会の中にネイティブが一人いる」ということになります。

グラマーは母語によって
難易度やポイントがドラスティックに異なる

　言葉のグラマーは本来非常に複雑です。複雑すぎて言語学者の研究対象が無くなる心配はありません。英語の冠詞に一生を費やす学者もいそうですが、それでも冠詞が完全に解明されるということはないわけです。しかし、英語は学習者の母語がどれだけ英語に近いのかによって難易度が異なってきます。フランス語母語者にとって英語はかなり母語と似ているので最易外国語となります。例えば、冠詞はフランス語に似たようなものがあるのでフランス語母語者にとって理解や習得は当然難しくはありません。関西弁の話者が東京弁の習得を試みる場合、かなり易しく感じるのと同じ理屈です。一方、日本語母語者にとって英語は言語的距離が大きいので最難外国語となります。そういった難言語としての英語のグラマーの対処法は、細かく解きほぐして理解するほかありません。

　以下、グラマーの主要な３つ(文型文法、発音・イントネーション、言語文化のルール)の例を示しながら、どう習得に結びつけていくのか具体的に述べてみたいと思います。

1　文型文法

**スピーキングができなければ
文法は弱いまま**

　スピーキングに結びつくグラマーは「習得文法」で、「文法」は「習得という目的のための手段」となります。一方、受験英語の典型の「文法」は「記述文法」で、「文法そのものが目的化しやすい文法のための文法」です。このタイプの「文法」ではどこまでいってもインプットは弱いままです。例えば冠詞や時制ですが、それらの文法項目は中学と高校の6年間、大学まで含めると8年間勉強することになっていますが、日本語母語者が話すときや書くときに、冠詞や時制はかなりガタガタになる傾向があります。これが「記述文法」の大きな弱点なのです。Jアプローチのような「習得文法」を扱うメソッドではこんなことはあり得ません。文法項目を「理解」し「使える」ようにすることでより強いインプットが可能になるからです。

　では「習得を目的とした手段としての文法」、つまり「習得文法」とはどういったものか、冠詞と時制の未来表現で間違えやすいものを例に以下に書いてみます。

習得作業の手順は、(1) まずポイントとなる文法の説明を読んで理解します。その理解をベースに例文の暗記などの作業を行うことになります。(2) 例文の左側には英語で言いたいことが日本文で示されていて、右にある英文は隠します。左の日本文をパッと見て英語で口に出して表現してみます。(3) 言えないものを練習や暗記をして使える文法や英語表現を増やしていきます。自分の弱点を積極的にあぶり出し、それらの弱点をドンドン克服していくやり方です。文法理解ベースだと覚えやすく、忘れにくく、応用が効きます。英会話本のような丸暗記パターンだと一見やさしそうですが、忘れやすく応用もなかなか効きません。(4) そして音声データを使ってシャドーイングを行い、より自然な発音、イントネーション、スピードにします。音声データがなくても今は英文読み上げサイトがたくさんあり（NaturalReader、Text-to-Speech など多数）、男と女、米語と英語の選択もできます。一旦変なクセが付くと後々の矯正が大変になるので、できるだけ自然な発音・イントネーションになるように試みます。そして (5) 復習としてグラマーの理解、オーラルでの英作、シャドーイングなどを定期的に繰り返します。

1　間違えやすい冠詞

　a が不特定で the が特定なものを表わす、と覚えるのは必ずしも正しくはありません。a と the の違いはあくまでも限定性の度合いの違いです。the の意味合いは「私もあなたも知っている例のもの」で、the car であれば「例の車」で限定性が高くなります（名詞を限定する語は冠詞以外にたくさんあります。例えば the よりさらに限定性の高い my、your、his、her といった「～

の」を示す所有格や、this、that、these、those などの指示語です。これらは冠詞と同様限定詞ですが、冠詞を独立した章で扱うと他の限定詞との相関関係がわからなくなり、冠詞そのものの理解にも支障をきたしてしまいます)。

A 間違えやすい a

下の例文の a car は、話し手にとっては特定の車ですが、聞き手にとっては必ずしもそうではないケースです。限定性は the より低いですが、I drive cars. の cars の無冠詞のケースより限定性は高くなります。cars は限定性は最も低く、話し手にも聞き手にも不特定の「車」です(下の文にある複数形の「日曜日」もそうです)。a car の場合は Sundays に運転する「車」で、少なくとも対象は話し手にとって具体的なものです。

私は日曜日に車に乗っています	I drive **a car** on Sundays.
私は車を運転します	I drive **cars**.

下のセンテンスですが、「俳優の父親がいる彼女」というふうに、話し手にとって「彼女」は特定の相手ですが、ここでもやはり a です。the にすると聞き手も知っている「例の彼女」となり、このセンテンスでは不自然です。

かつて、お父さんが俳優の彼女がいました	I had **a girlfriend** whose father was an actor.
彼女、医者と結婚したいと思っている	She wants to marry **a doctor**.

この a doctor は、例えば、彼女が今付き合っている、といっ

た特定のお医者さんの可能性もありますし、「お医者さんの誰か」（つまりお医者さんはお金持ちであるとか頭がいいとかの理由で）といったある職業の典型的な例として（つまり不特定の人を）話題にしている可能性もあります。このように「a + 名詞」を"不特定"という語と結びつけるのは必ずしも正しくはありません。

B 間違えやすいthe

具体的なものではないケース、つまり限定性がないケースでも、名詞に the が付くケースは少なからずあります。play the piano（ピアノを弾く）のように楽器の場合の the はおなじみですが、まずは一般的なことなのに the が付くケースを見てみます。

a. 生活の身近な場所

日常生活に身近な場所を指す普通名詞には、the が付きます。the がつくと具体的な個の店や病院を指すケースもありますが、買い物をするための店、病気になったら行く病院というように、その機能を持つ一般的な場所をイメージして話すときに the shop, the hospital を使います。the bank、the post office、the mall、the theater、the museum、the coffee shop、the park などもですが、**生活の場所には不特定でも the が付く**と覚えておきましょう。

母は毎日お店に [買い物に] 行っています	My mom goes to **the store** every day.
私は映画館には長らく行っていません	I haven't gone to **the movie theater** for a long time.

b. 家事関連

　これも生活に身近な例になりますが、「洗濯をする」「皿洗いをする」といった家事について言うときにも、名詞の前にthe が付きます。do も加えて do the ～で表現すれば良いので、このパターンを知っていれば表現が楽になります。do the bathroom（風呂掃除をする）、do the cooking（料理をする）、do the cleaning（掃除をする）、do the dishes（食器を洗う）、do the shopping（買い物をする）、do the laundry（洗濯をする）、do the ironing（アイロンをかける）、do the garden（ガーデニングをする）、do the windows（窓拭きをする）、do the floors（床掃除をする）などがあります。

多くの日本の夫は料理も皿洗いもしない	Many Japanese husbands don't **do the cooking** nor **dishes**.
アイロンは持っているけど、アイロンがけはしたことがない	I have an iron, but I've never **done the ironing**.

c. 目に見える環境

　地球や、太陽、月など、世界に１つしかない目に見える環境に関する名詞には、the が付きます。例えば、the universe（宇宙）、the sky（空）、the sun（太陽）、the earth（地球）、the moon（月）、the world（世界）、the land（大地）、the sea（海）、the mountains（山）などがそうです。

今夜は、月が出ていて、ほとんど星が見えない	**The moon** is out tonight, and only few stars are visible.
彼はサーフィンをしに海によく行きます	He often goes to **the sea** for surfing.

次に、固有名詞に the が付くケースで、特に間違えやすいものを取り上げます。

d. 固有名詞の複数形

「〜さん一家」、「〜山脈」など、[the ＋ 名詞の複数形]でグループを指す場合にはtheが付きます。例として、the Jonsons（ジョンソン一家）、the Beatles（ザ・ビートルズ）、the Yankees（ヤンキース）、the Philippines（フィリピン）、the Rockies（ロッキー山脈）などがあります（「ジョンソン家の一人」はa Jonson、「ビートルズの一人」はa Beatle、「ヤンキースの一人の選手」だとa Yankeeになります）。

田中さんご一家が、先週日本からからこちらに引っ越してきた	**The Tanakas** moved here from Japan last week.
この頃多くの日本人がフィリピンに英語を学びにいく	Many Japanese people go to **the Philippines** to study English these days.

e. 建造物の名前

地名自体は固有名詞でゼロ冠詞ですが、建物の名前には the が付きます。the Empire State Building（エンパイアステート・ビル）、the Statue of Liberty（自由の女神像）、the White House（ホワイトハウス）。ただし、Tokyo Station や Narita Airport には the は付きません。建造物というより、公共の場というイメージが強いためです。

ピラミッドは、地球上の建造物の中で、最も素晴らしい人工物の一つです	**The Pyramids** are one of the greatest man made constructions on the earth.
私は、自由の女神像とエンパイアステート・ビルには行ったことがありません	I've never visited **the Statue of Liberty** and **the Empire State Building**.

Column ● ● ● 英語の名詞には限定する語がよく付く

　英語は、一般的に述べられる無冠詞の名詞と固有名詞以外、名詞は単独で使われることは少なく、a/an、the、some や this、that、these、those、my、your、our、his、her、their といった限定する語が付かないと何か"足りない"感じになってしまいます。つまり、日本語では名詞にこうした限定する語を付けないケースでも、英語では限定詞が必要な場合がかなり多くなります。

　例えば、下の例文ですが「お茶」「お砂糖」はそれぞれ some tea、any sugar で some や any を付ける方が普通です。

お茶をください	Could you give me **some tea**?
お砂糖あります？	Do you have **any sugar**?

　下の例文も同様で、日本語ではいちいち「彼のひざ」「彼の帽子」や、「私の夕飯」とは言わないケースで、英語では his hat、his laps、my dinner のように名詞に限定詞を付けます。

彼は、膝の上に帽子を置いて向こうに座っていたよ	He was sitting there with **his** hat on **his laps**.
夕飯は食べ終えられませんでした	I couldn't finish **my dinner**.

2 未来表現

動詞の形は -ed がある場合とない場合、つまり過去形か現在形しかなく、いわゆる「未来形」というのはありません。未来はさまざまな表現で表わし、ニュアンスに応じてそれぞれに使い分けます。

A 「ほぼ起きる」と確定していることは現在形

確定した未来の出来事は現在形で表します。交通機関の時刻表、契約などで取り決められた時期、セミナーやコンサートなどのプログラムなど第3者が決めている予定がこれに当たります。この場合、たいてい未来を表す副詞(句)が伴いますので、現在を表わす表現との混同は避けられます。

彼女の列車は今朝10時に**出発します**	Her train **leaves** at ten this morning.
彼は来年**引退します**	He **retires** next year.

B 「〜する予定にしている」or「(今まさに)〜します」は現在進行形

a. 近未来の個人的予定は現在進行形

近未来の個人的予定は現在進行形で表します。外出の予定、歯医者の予約など、スケジュール帳に予定があるイメージです。時制は「現在」にもかかわらず未来を表すためか、この表現パターンを使えない人がかなりいるので気をつけて下さい。

午後に出かける**予定です**	I'm **leaving** this afternoon.

| 今夜、友人と一緒に夕飯を食べる予定です | I'm eating dinner with my friends tonight. |

b. すぐにも起ころうとしている場合は現在進行形

また、今まさに起きようとしていることについても現在進行形を用います。すぐに動きを伴うようなイメージです。

| すいません、今店を閉めるところなんです | I'm sorry, but we're closing in a few minutes. |
| 今行くところだから！ | I'm coming! |

> **Column** ● ● ● "命令"と"一時性"を現在進行形で表わす場合
>
> 現在進行形で"命令"を表わすこともあります。普通の命令形よりソフトな感じになります。
>
> | ここにいてね | You're staying here. |
> | この野菜食べなさいね | You're eating the vegetables. |
>
> また、進行形で"一時性"を表わすこともあります。例えば下の文の進行形の方は、普段は違うが何かの理由があって「なぜかそうしている」という"一時性"のニュアンスになります。
>
> | 彼はどういうわけか、今日は私にとても親切だ | He is being very kind to me today. |

C 「〜するつもりだ」or「〜しそう」は、be going to

a. あらかじめ考えている未来の意志はbe going to

あらかじめ考えて、心構えのできている未来の意志はbe going to で表します。「〜するつもりでいる」といったニュアン

スです。

| 車を売る**つもりです** | I**'m going to** sell my car. |
| 彼女は仕事を辞める**つもりです** | She**'s going to** quit her job. |

b. 何らかの兆候が現れている場合はbe going to

be going to には別のケースもあります。何らかの兆候が今現れている、といったように原因が明らかな近未来のことを表す場合に用いられます。黒雲で覆われはじめた空を見上げて雨を予想したりといったケースです。

| 今にも雨が降り**そうよ** | It**'s going to** rain soon. |
| すぐには新しい iWatch は手に入らなさ**そうだね** | We**'re** not **going to** get a new iWatch soon. |

D 「〜だろう」or「(今決めて)〜するよ」は will

a. be going toとwillの違い#1

未来といえば、ぱっと頭に浮かぶのが will。単純未来とか意志未来とか will に未来を絡めた表現があるほどです。be going to も未来を表わしますが、will は不定の未来のこと、もしくはより遠い未来に起こると予測される事柄を表します。

| 彼は良くなる**でしょう** | He **will** get better. |
| 今年は暑くなる**でしょう** | It **will** be hot this year. |

一方、下の be going to のある文は、暑くなるという兆候があるニュアンスになります。

| 今年は暑くなりそうだ | It's going to be hot this year. |

b. be going to と will の違い #2

be going to が心づもりのできている意図「〜するつもりだ」に近いものだとすれば、will は目の前の状況を見て、ぱっと「今、そう決めた」というようなイメージになります。

| 〈誰かが来てノックしている〉
私が出**ますよ** | I **will** get it. |
| 今日残業？わかった、夕飯は外で食べるから | Are you working overtime today? OK, I **will** eat out for dinner tonight. |

同じ"意志未来"のbe going to では「あらかじめ決めている意志」になります。

| 今夜は外食するつもりでいます | I'm going to eat out for dinner tonight. |

実は、**would、shall、should、can、could、may、might、mustなどの助動詞には時制はありません**。これらの助動詞は"実際の時"というより、"話し手の心の中の世界"で、"必要性"や"可能性"の程度を表します。センテンスの他の要素が過去や現在、そして未来を表わします。

例えば、You must / should / might / could see a dentist. や It will / should / may / might snow tonight. のセンテンスですが、1つ目の文では用いる助動詞によって歯医者に行く"必要性の度合い"を示すことができます。必要性が最も高いのはmust、最も低いのがmightとcouldです。2つ目の文では、tonightが未来を表し、**助動詞は可能性の強弱を表しているにす**

ぎません。雪になる可能性が一番高いのはwillで(shouldでないことに注意)、mightが一番低くなります。

　さらに、couldがcanの、mightがmayの過去形というわけではありません。下の文では、どの助動詞も可能で、tomorrowがあることですべて未来を表しています。単に、canよりcould、mayよりmightの方が、そこへ行くという可能性が低いということです。

I will / would / can / could / may / might / go there tomorrow.

　ただし時制の一致で、例えばwillが主節の動詞の過去形の影響を受けてwouldになることはあります。

| 彼がまたそれを試みる可能性はかなり高そうでした | It **was** highly likely that he **would** try it again. |

　これらの助動詞に時制がなくて、文の他の要素が過去や未来を表せるということは、**「未来時制」として学校で習うwillも過去を表わす文に使えますし、逆にwouldも未来に使えます**。下の1つ目のセンテンスの場合、have beenが過去を(完了形には"前の"という機能がある)、2つ目のセンテンスはtomorrowが未来を表わしています。

| 上司だったはずはありません | That **won't have been** my boss. |
| もし時間があれば、明日彼はここに来るだろうけど | If he had time, he **would come** here tomorrow. |

2 発音・イントネーション

**音源がプライマリー、
本はセカンダリー**

　言葉の本質は音なので音声データは必須です。すでに触れてある戦時中の米国での日本語プログラムも、クラス外でレコードを使って練習していたほどです。

　発音が重要ですので、発音記号には慣れる必要があります。耳に頼って声に出してリピートしようとしても耳がキチンと音を取ってくれない場合があります。そういうとき、発音記号が役に立ちます。発音記号を見れば音声パターンがわかりやすくなるという利点もあります。

　正しい発音とイントネーションの習得は、初期段階に近ければ近いほど重要です。変な癖が一旦ついてしまうとその克服が大変になります。面倒くさがらずに自然な発音の習得を原則としていただけたらと思います。その作業が習慣となれば、それほど面倒なことではなくなるものです（原則を決め習慣化させるということですね）。これもすでに触れてありますが、発音が悪いとどうしても細かい発音に意識がついていけず、リスニング

に限界がきやすくなります。つまりよい発音はスピーキングに関わるだけではなくリスニングにも影響するのです。

では具体的に日本語母語者にとってチャレンジングな発音である母音の [æ] と [ɑ] と [ə]、子音の [r] と [l] の違い、そしてカジュアル発音、アクセント・イントネーションを例として使って「習得文法」としての発音・イントネーションの扱いを書きたいと思います。

1 発音

英語では口の動きは活発です。逆に日本語ではあまり口を動かしません。しゃべるとき、あまりに口が動かないので読唇術が難しいと言われているほどです。英語では口をかなり動かす、ということを意識して練習してください。今や、電子辞典では発音してくれるものが多いですし、アプリの辞書、辞書サイトも発音してくれます。文字のスペルにとらわれず、発音の曖昧なものは辞書で音を確かめて発音練習をして下さい。

1 注意すべき母音

A [æ]

[æ] は、[ア] と [エ] の中間音で、喉を締めつけるような感じを意識してください。

[æ]: cat, grass, Jack, travel, natural, class, mad, bad, handle, Sam, brand, taxi, happen, answer, back, stand

単語の第 1 シラブル（音節）の母音のスペルに単独の a がくる場合、a の後ろに他の母音や [r] 音がこないケースではだいたい

この母音になります。スペルに影響されてこの音をだいたい [ɑ] と発音してしまいがちの学習者が多いので注意が必要です（英文読み上げサイトで発音させれば練習がより効果的になります〈英文読み上げサイトは p.40 参照〉）。

ジャックはよくロスに行く　　Jack often **travels** to Los Angels.
サムはそこに行くのに**タクシー**を使った　　Sam took a **taxi** to get there.

B [ɑ]

[ɑ] は、日本語の [ア] より大きく（1.5 倍くらい）口を縦に開けます（アゴが下がる感じ）。そのため [オ] 音がいくぶん含まれます。

[ɑ]: hot, lock, not, pot, rock, stop, Tom, iPod, blog

トムは玄関のドアの**鍵をかけた**　　**Tom locked** the front door.
彼女は**人気のあるロック**歌手だ　　She is a **hot rock** singer.

[ɔ]（日本語の [オ] に近い）と発音しそうな音は実は [ɑ] のケースが非常に多いので注意が必要です。[ɔ] が単独でくるケースはかなり少なくなりますし、仮に [ɔ] が使われても長く発音される [ɔː] のケースが普通です。

犬を所有すれば初年度だけで**千ドルほどかかります**　　Owing a **dog costs** about $1,000 for the first year alone.

C [ə]

[ə] は、全ての母音の中間にある弱音で曖昧音ですので強勢はきません。英語では強勢のあるシラブルは強く発音されるのみ

ならず高く長く発音される傾向がありますが、逆に弱音であるこの母音は低く短く発音され、消える(つまり発音されない)ことも多々あります。

[ə]: Can**a**da, **a**bout, **a**nd, k**i**lom**e**t**e**r, tul**i**p, stam**i**na, c**o**nsume, calci**u**m

カナダのあなたの生活についてもっと話してください	Please tell me more **about** your life in **Canada**.
それには多くのスタミナと時間が要求される	It requires a lot of **stamina** and is time-**consuming**.

2 注意すべき子音

チャレンジングな子音 [r]と[l]のちがい

　日本人英語学習者にとって最も難しい子音の東西の横綱は [r] と [l] です。日本語のラ行の子音はこの [r] 音と [l] 音のどちらにも似て非なるものです。英語の母語者にとって日本語の [ら] 行の子音は英語の [d] 音として認識されるので、日本人が英語の [r]、[l]、[d] を日本語なまりの英語で発音すると、英語母語者の耳には全て [d] 音に聞こえます。[r]、[l]、[d] 音は1つのセンテンスにたくさん出てきますが、日本人に日本語なまりの英語を話されると、英語母語者には [d] 音が頻出する感じになり、何を言っているのか分かってもらえないということがしょっちゅう起こることになります。

　店で、[l] 音と [r] 音のあるアイテムのオーダー直前に口の中

でボソボソ発音練習をしたり、あきらめて他のものを注文したといったような悲喜劇をよく聞きます。

[l] 音と [r] 音はペアでコントラストを成しています。それらの違いの認識は、正しい発音の練習にとても役立ちます。そのコントラストを以下に簡単にまとめておきます。

A [l] は唇が [i] の形で、[r] は [u] の形です。

B [l] は舌先が少し緊張し、[r] は弛緩します。

C [l] は舌先で閉鎖させ息は舌の左右から出、[r] は舌先は閉鎖しないで息は舌先から出ます。

これら2つの子音のコントラストを意識して練習してみます。以下 [r] 音と [l] 音の練習のできる単語の例をあげておきます。あいまいな語の発音は発音をしてくれる辞書を使います。

jewelry、religion、thrilling、really、strawberry、reluctantly、delivery、particularly、read、right、pray、lead、light、play、travel、trouble

[r] と [l] の違いに慣れてきたら、次にセンテンスに組み込んで練習します。こちらでも英文読み上げサイトを使います。

じゃあトライしてみるよ	OK. I'll try it.
やった！	All right!
そのワインはとてもおいしいですね	The wine is really delicious.
彼女は急激によくなってきています	She is getting better rapidly.
私は旅行が好きです	I like to travel.
まずい！	We are in trouble!

彼女をちょっと前にそのカウンターで見ました	I saw her at that counter a little while ago.
その列車にはもう遅すぎます	It's already too late to catch the train.
大変申し訳ありません	I'm terribly sorry.
私は自然食品をできるだけ食べるようにしています	I try to eat as much natural food as possible.
私はオーストラリアに行ったことはありません	I've never been to Australia.
私はよく市の図書館に行っています	I often go to the city library.

3 カジュアル発音－実際の英語の世界

　テキストや英語の検定テストの音声とばかり付き合うと、現実の英語の世界のリスニングになかなかついていけません。現実の英語の世界では、アナウンサーが英文をクリアーに読み上げてくれるように人々がしゃべってくれることは稀だからです。英語でのTVドラマや映画などでリスニングは非常に難しい一方、そのスクリプトを見ると簡単な英語をしゃべっていてビックリする、ということがよく起こることになります。

　現実の英語での会話では、母音が弱音になったり消えたり子音が変化したり消えることはかなり普通のことなのです。その「現実の英語」に慣れる必要があります。強音ばかり使う日本人は多いのですが、ネイティブには大げさに聞こえるケースもあるので注意が必要です。

　特にセンテンスの重要語である内容語の名詞、形容詞、動詞、副詞以外の語（機能語と呼ばれています）には気をつけてください。機能語は比較的重要情報ではないので、実際の英会話では弱音パターンが使われるのが普通で、弱音 [ə] は頻出します。

A 機能語の口語発音

意外に知られていませんが、辞書にある大体の機能語には強音と弱音が示されています。この種類の発音方法があるのは一般に短い単語で、特に冠詞(a/an, the)、人称代名詞(it, me など)、不定代名詞(one，other など)、関係詞(that，when など)、助動詞(will，can など)、前置詞(of，in など)や接続詞(and，as など)です。

1 すいません、今夜あなたと一緒には外食できないんです　Sorry, I **can't** eat out with you tonight.（can't:[kǽnt]）

2 ピアノは弾けるけど、長らく弾いていない　I **can** play the piano, but I haven't played it for a long time.（can:[kŋ]）

can't といった否定語は「重要情報」ですので強く発音されますが、can といった助動詞は(動詞などの内容語よりマイナー)基本弱音パターンの [kŋ] です。強音の [kæn] と発音すると can't に近い発音になります。

3 彼女は、君のガールフレンドか何かなの？　Is she **your** girlfriend or something?（your:[jɚ]）

4 韓国人と中国人はよく働く国民です　The Koreans **and** Chinese are hard-working peoples.（and:[n]）

(people が「国民」の意味の場合は単数は a people で、複数は peoples となります)

5 彼には、この決定にはそれなりの理由があります　He has a good reason **for** this decision.（for:[fə]）

6 私たちは昨日家具を一つ買いました　We bought a piece **of** furniture yesterday.（of:[ə]）

7 これ、気をつけて使ってね。　You'll use it carefully, won't you?
　高かったんだから　　　　　　'Coz it costs a lot of money.
　　　　　　　　　　　　　　　（Coz = Because）(Coz:[kəz])

（この 'll〈will〉は相手の"意志"、つまり"ご意向"を尋ねるニュアンス）

8 あなたのためにこれを誰がす　Who is going to do this for
　るつもりなの？　　　　　　　you? (you:[jə])

9 彼には運が向いていない　　　Fate hasn't been good to him.
　　　　　　　　　　　　　　　(to:[tə])

10 彼は彼女と婚約している　　　He is engaged to her. (her:[ɚ])

11 〈コインを投げて〉裏か表　　Heads or tails? (or:[ə] or [ɚ])
　　か？

12 彼は英語のクラスをサボっ　　He has never skipped his English
　　たことはない　　　　　　　class. (his:[ɪz])

13 あなた、彼とうまく行って　　Are you getting along with
　　いる？　　　　　　　　　　him? (him:[ɪm])

14 それらのどちらも真実では　　Neither of them was
　　なかった　　　　　　　　　true. (them:[əm])

15 私、アメリカのここ好きで　　I like it here in America. (here:[íɚ])
　　す

B　2語以上の語を簡略化するパターン

　更に、これらの語は2語続くと簡略化され1語のように発音されるケースが多くなります。語のスペルではなく実際の音から英語の意味がとれるようにするためには、自分でリピートができるようにする練習が必要です。

1 新しいアイパッドを買った　　Did you buy a new iPad? (did
　　の？　　　　　　　　　　　you:[dʒuː])

2 私に何をして欲しいの？ **What do you** want from me? (what do you:[wádəjə])

3 私はひどい頭痛です **I have** a bad backache. (I have:[aɪəv])

4 あなたが留守の時、彼から電話があって〈あなたへ〉伝言を残しました He gave you a call and left a message when **you're** away from home. (you're:[jɚ])

5 彼は君の親戚なの？ **Is he** a relative of yours? (is he:[zi:])

6 彼女、彼と離婚するつもりなの？ **Is she** going to divorce him? (is she:[ɪʃi:])

7 彼女はどうやってそんな長距離をそんなに速く来れたの？ How **did she** come such a long way in such a short time? (did she:[ʃi:])

8 彼女は彼が騙していることに気づいていなかった She wasn't aware that **he's** taking advantage of her. (he's:[i:z])

9 今日早く出かけたいんだけど I **want to** leave early today. (want to → wanna:[wάnə])

10 今夜忙しくなりそうだ I'm **going to** be busy tonight. (going to → gonna:[gənə])

11 僕、行かなきゃ I **gotta** go. (have to → (have) got to → gotta:[gátə])

12 もう雨降っていますか？ **Is it** raining yet? (is it:[zɪt])

13 今日できることを明日に延ばすな Don't put off till tomorrow **what you** can do today. (what you:[wətʃə])

14 カーペンターさんでいらっしゃいますか？ **Are you** Mr. Carpenter? (Are you:[ɚjə])

15 私でなければならないの？ **Does it** have to be me? (does it:[zɪt])

16	彼、あなたのために何をしたの？	What **did he** do for you? (did he:[diː])
17	お宅の奥さんの誕生日に何をしてあげたの？	**What did you** do for your wife's birthday? (what did you:[wədʒʊ])
18	彼、最近ここに来ている？	**Has he** been here lately? (has he:[ziː])
19	彼、本当に世界旅行する計画ですか？	**Does he** really plan to travel around the world? (does he:[ziː])
20	お邪魔ですか？	**Am I** disturbing you? (am I:[maɪ])
21	その新聞に何か面白いニュースある？	**Is there** any interesting news in the paper? (is there:[zɛɚ])
22	この椅子どなたか座ります？	**Is this** seat taken? (is this:[zɪs])
23	髪を切りに行って	Go get **your** hair cut. (/t/ + your or you're は [jɚ])
24	明日僕は何をすることになっているの？	**What am I** supposed to do tomorrow? (what am I:[wədəmaɪ])
25	ニューヨークはいい公園がたくさんありますね	New York has quite a few nice parks, **doesn't it**? (doesn't it:[dəzənɪ])
26	俺、君に嘘をついたことがあったっけ？	**Have I** ever lied to you? (have I:[vaɪ])
27	何かおかしかったに違いない	Something must **have** gone wrong.（[should / could / would / must / may / might + have + -ed] have → [ə]）

2 アクセント、イントネーション

英語では正しくアクセントを置くことは非常に重要です。日本語の場合は1つ1つのシラブル(音節)がだいたい同じ長さ(リズム)で発音されますが、英語ではアクセントのあるシラブルの音が長く、大きく、高くなり、その前後のシラブルが弱音になったり、全く発音されないことがよくあります。アクセントの位置を間違えるだけで、通じなくなるケースが少なからずあります。

バニラはアイスクリームへの味付けによく使われています	**Vanilla** is frequently used to flavor ice cream.
その**カジノ**は階上にあります	The **casino** is up the stairs.

vanilla [vənílə], casino [kəsí:nou]

日本語の単語が英語でも使われている場合、日本語発音にならないように気をつける必要があります。アクセントは大体最後から2番目の母音(二重母音も含む)にきます。

Tokyo [tóʊkiòʊ], Kyoto [kjóʊtoʊ], Hiroshima [hìroʊʃímə], karaoke [kærəóʊki], Honda [hɔ́ndə], Toyota [toʊjóʊtə]

東京と**京都**は新幹線で繋がっている	**Tokyo** and **Kyoto** are connected with each other by the Shikansen.
ホンダと**トヨタ**は水素燃料電池車を今年マーケットに投入する	**Honda** and **Toyota** will launch hydrogen fuel cell cars onto the market this year.

(日本語では「ホンダ」は3文字ですが、英語では2シラブルになりますので、強勢は Ho にきます)

3 言語文化

**日本人の英語が通じにくいのは
言語文化の問題もある**

　日本人の英語が海外ではなかなか通じにくい理由は、文型文法や表現力、そして発音に問題があるケース以外にもあります。日本語の言語文化をそのまま英語にしてしまうと、英会話で誤解が生じてしまい、会話のやりとりがかなりぎこちないものになってしまいます。英語でのコミュニケーションでは、文型的な「正しさ」とともに英語文化をベースとした「いつ、どこで、どう」使うのかに関する「自然さ」が重要なのです。

　文型文法の所で日本人に苦手な冠詞や時制＋助動詞に触れましたが、これらの文法項目はいずれも、「いつ、どこで、どう」適切に使うのかという言語文化と切っても切れない関係にあります。コミュニケーションには相手がいます。日本語の言語文化の影響の濃い「俺流」英語でコミュニケーションをとれば、この冠詞と時制＋助動詞がガタガタになってしまいます。冠詞を含めた限定詞はコミュニケーションの相手とのやり取りでは、相手と情報がどの程度シェアされているかによって使い分け、

時制＋助動詞は丁寧さなど相手や状況によって適切に使い分ける必要があるのです。

　中学・高校の6年間では、『学習指導要領』やそれを反映して作られている教科書をチェックしてみると明らかですが、英米語にこだわらない「国際英語」という美名の下、非常に不自然な英語を長年習うことになっています。日本人の英語の不自然さが"奨励"されることになり、通じにくい英語に輪をかける結果になってしまっているのです。

　例えば「国際英語」では、以下の「こんにちは！」は英語で"Hi!"として日本語を通して覚えるしかなくなります。そして、無意識に「日本語のこんにちは」の膨大な言語経験の上に"Hi!"が乗っかるだけになります。言語を支えている「いつ、どこで、どう」適切に英語表現を使うのかに関しての言語文化を無視して"Hi!"＝「こんにちは！」という風に日本語訳と対応させて英語学習をするのは簡単ですが、残念ながらそんなやり方では、「使える英語」は習得できません。

Column　いろいろな"英語"の中で一番通じないのが"日本語英語"

　実は、アメリカでは必ずしも米語だけが話されているのではありません。私が留学していたときにも、アメリカにはいろいろな母語者の留学生がいました。英語プログラムだけでなく、大学院などのプログラムもインターナショナルなのです。ですので、アメリカは米語というより、場合によってはいろいろな英語が飛び交う社会なのです。

　私が履修した留学プログラムで実感したのは、私を含めて多くの日本人の英語がなかなか通じないということでした。ヨーロッパや中南米、他のアジアの国からの留学生の英語は、もちろんそれぞれの母語のなまりがありますが、比較的スムーズに「通じる英語」「使える英語」になっている感じでした。日本人は、そのいろいろな英語の飛び交う"英語社会"では、議論や雑談からはじき出されているケースが多かったのです。

　ネイティブ英語にする必要はないけれど、どうやって日本人の英語を「使える英語」にしていくことができるのか、やはりここがポイントだと思います。そもそも「ネイティブの英語」の習得は子どもが英語を生活言語として社会化の過程で習得しない限り不可能です。要するに、「使える英語」であれば良いわけですが、文型はよりネイティブに近い方が通じやすいですし、発音・イントネーションもよりネイティブに近い方が通じやすいわけです。表現方法もそうです。英語の学習をやさしくするために妥協し過ぎる学習者が非常に多いように思いますが、そのパターンではなかなか「使える英語」のレベルにまで辿りつけません。そうなると根気が続かなくなり、継続的に学習することがかえって難しくなるものです。

　要するに、「インプットは正確に、アウトプットは大胆に」です。「通じればいい」というスタンスで「インプットをいい加減にする」と、躊躇が生じてアウトプットが不自然に遅くなり、出てくる英語も通じにくいガタガタなものになってしまい、しゃべる勇気がくじかれてしまいます。

1 "Hi!(Hello!も含む)"と「こんにちは!」

もっともよく使われる英語での挨拶表現は言うまでもなく"Hi!"ですが、日本語の「こんにちは」とはそれぞれの言語社会において使われ方がかなり異なり、そのズレを知ることが英語学習でのポイントとなります。

1 英語の"Hi!"は挨拶表現として圧倒的に広く用いられています。

2 "Hi!"は「こんにちは!」以外に、声をかける「やあ!」の意味もあります。

3 電話での「もしもし」としても使えます(よりカジュアルには"Yes!")。

4 またすでに触れましたが、日本語の「こんにちは!」と異なり、朝昼晩の1日中使えます("Good afternoon!"や"Good evening!"はかなりフォーマルで、普通あまり使われていません。"Good night!"は「おやすみなさい」の他に「良い夜を過ごして下さい」の意味もあるので、夕方に家への帰り間際に使えます。ちなみにnightは外が暗い時間帯(その逆はday)、eveningは暗くなってから寝るまでの時間帯を指します。morningはevening以降、つまり深夜12時からnoonまでで、日本語の「朝」よりかなり早く始まり、遅くまで続きます)。

5 さらに、身内・同居相手にも使える("Hi, honey!"と言うことが可能で、日本語では「こんにちは、妻よ!」と

は言いませんね）ところも日本語の「こんにちは」とは異なります。

6 "Hi, Mary!"のようにHiの後に名前を続けるのも一般的なパターンです。

7 英語圏の小さいコミュニティーでは、見知らぬ人と路上ですれ違ったり、エレベーターの中やたまたま隣りの席に座っている人と目が合うとスマイルと共に"Hi!"と言われることがよくあります（男性より女性にその傾向があります）。当然それへの返答は"Hi!"です。

8 よりインフォーマルな挨拶表現に"Hey!"があります。この語は「やあ」以外にも、「おい」といった呼びかけ表現や喜びや驚きである「へー！」にも「おや！」にもなります。

次に、"Hi!"を具体的な状況の中で使う場合を考えてみましょう。例えば、ビジネスセッティングで顧客のスミス氏のオフィスを訪問し"Hi!"を使うとすればどうなるでしょうか。

1 まずノックの仕方が英語圏と日本語圏ではかなり違います。日本ではノックは2回ですが、英語圏ではノックは4回前後です。日本式に英語圏で2回ノックすると"奇妙"です。逆に英語圏の人が日本に来て田中氏のオフィスのドアをドンドンドンドンと4回ほどノックをすれば、せっつかれているようで大変失礼になります（ちなみにトイレでのドアのノックはエチケット違反です）。

2 そして、挨拶を交わしながら握手をする場合が多いのですが、握手の仕方にも気をつけます。特に男性対男性の場合、握手は弱過ぎないように注意します。"limp handshake"(軟弱な握手)や"dead fish handshake"(つまらない握手)というのは、力が全く入ってない手との握手のことで、"触っただけ"のような握手にはネガティブな印象が伴います。また両手で握手をする日本人がいますが、英語圏ではこれは不自然です。

3 握手のとき日本式の深いお辞儀は不要です。せいぜい少しうなずく程度で背筋は伸ばしたままです。そのとき、相手の目を見ることと微笑は重要です。日本式の神妙な面持ちよりも少し微笑む感じが好まれます。

4 一般に日本での名刺交換は、会うと同時にお互いに名刺交換しますが、英語圏では握手をし挨拶をしたあとに名刺を交換します(もっとも名刺交換は日本ほど多くなく、後々コンタクトをとる可能性のある場合にリクエストするのが普通です)。名刺の交換時にはしっかりと相手の名前の発音を確認するよう心掛けます。

　仮に名刺の持ち合わせがなくとも謝罪する必要はありません(一般に日本人は謝罪のし過ぎ〈日本語社会ではもちろんOK〉の傾向がありますが、I'm sorry.を多用して謝罪をし過ぎると、ヘコヘコしている印象を持たれかねません)。

　こういった状況でのインターアクションで、気をつけるべき点をさらに3つほど書いてみます。

5 日本語でのセッティングでは、頷きとともに「はい」と言葉を加えることも多いのですが、これは相手に対する気配りのケースが多く、「あなたに同意します」の意味とは限りません。英語での会話では、首を縦に振ったり"Yes."と言ったりするのは「あなたに同意します」の意味の場合が多いので、日本人が"気配りの「はい」"のつもりで英語の"Yes."を使うと、「同意」として誤解される危険性があることを意識しておく必要があります。しかも日本語の場合、その"気配り"がさらに強くなると「はい」もそれに比例して「はい、はい、はい」と「はい」がいくつも重ねられることもあります。そのパターンで英語でも"Yes. Yes. Yes."とYesを何度も繰り返す日本人がいますが、これは不自然です。

6 日本語のセッティングでは、立場の上の人の話を真剣に聞いていることを示したり敬いを示すために、うつむき加減になる人が少なからずいます。英語のセッティングでは真面目な話であればあるほど相手の目を見る傾向があります。つまり、相手の目を見ることは"関心""正直""誠実さ"に通じ肯定的です。日本語文化では、相手の目を見て会話を行なうと、何か好戦的なイメージを与え相手に失礼に思われることもあります。しかし英語圏では日本的に相手の目を見るのを避け続けると、何か隠しているのではないか、といったふうに否定的に解釈される危険があります。

7 話の発展のさせ方も日英ではかなり異なります。日本語

のロジックはいわゆる帰納法で、理由や例などで説明しながら結論にいきます。英語の場合は演繹法で、日本語での場合とは逆に結論が先にきて(英語圏の人はストレートに自分の意見を言うイメージはここからきています)、その理由や例を用い、説明が進むに従ってより具体的に、より詳しくなっていきます。お互いがわかり合えやすい日本語社会では、結論を言う前に相手に結論がわかる場合は、その結論さえハッキリとは表明されないことがあります。この日本語のパターンを使って英語で説明すると、話し相手に正確に意図が伝わりにくくなります。

> ### Column ● ● ● 外国語は使えてなんぼ
>
> Jアプローチでの日本語教育に携わったことのある知人が、日本にある会社で英文のネイティブチェックをしてくれる人を募集し、応募者から書類審査で10名に絞って面接したときのことを話してくれました。面接ではその知人は敢えて日本語で質問しました。日本人社員とスムーズなコミュニケーション、コラボレーションができるかどうかを見るためです。その日本在住の英語のネイティブたちは3つのタイプに分かれたそうです。1つ目は私の友人の日本語にはお構いなしに英語で返答する人たち。2つ目のタイプは日本語で返答はするが、状況を考慮できず友だちに話すようにブロークンな日本語で返答する人たち。3つ目のタイプは、その場の自然なフォーマリティーを維持して自然なインターアクションをした人たち。第3のタイプが3人いましたが、全員がJアプローチでの日本語履修の経験があることが後でわかりました。

2 "Take it easy." と「頑張って」

　ミスコミュニケーションやカルチャーショックを引き起こしやすい言語文化の違いを示す例をもう一点書いてみます。友だちや会社が大変なことに直面しているとき、日本語のセッティングであれば「頑張ってね!」「頑張ろうよ!」といったふうに励ますのが一般的です。英語圏では逆に "Take it easy!" "Don't push yourself too much!" "Don't work too hard!" などと言います。つまり、余裕を持ってしっかり腰を落ちつけることができると、自らをより理性的にコントロールでき、難しい問題により適切に対処できると考えているからで、日本の言語文化と全く逆のアプローチの仕方です。アメリカの大リーグでのベンチにいる野球選手の態度を見ればそれが明らかにわかります。選手がリラックスしているから大リーグの野球チームが弱いということはない訳です。

　職場が大変な問題に直面しているときに、英語圏の現地の人たちが"腰を落ち着けて"いると、日本人の出向者の目には、どうしても「真面目に働いていない」とか「怠けている」ように映ります。仕事の現場が大きな問題に直面しているときに、現地の人たちがリラックスしている姿には大変違和感を感じざるを得ないからです。逆にいえば、日本流に職場で"セカセカ"歩いたり働いたりすることは、現地の人たちには「山本さんは働き者だ」というポジティブな評価ではなく「山本さんは余裕のない人だ」とネガティブに評価されます。

　「郷にいれば郷に従え」の姿勢が結局ミスコミュニケーションを避けたり、よりスムーズなコミュニケーションに重要だと言葉のレベルではわかっていても、意識的に学ばない限り(英語習

得作業とともに学ぶのがベスト)、心身に染み込んでいる日本語の思考パターンと行動パターンが邪魔をして英語の言語文化には反応しにくいのです。

　英語圏の日系の会社で働いていたとき、日本人出向者と現地人のこういったミスコミュニケーションをしょっちゅう見ました。現地の人たちもミスコミュニケーションに疲れてきます(日本人出向者も当然そうでしょう)。そうすると現地の人たちは知識と技術を習得すればさっさと会社を辞めてしまいます。特に北米ではキャリアアップのための転職は珍しくありませんが、日系の会社の離職率はかなり高いのです。北米系やヨーロッパ系の会社の半分の期間しか日系の会社には腰を落ち着けないといった記事を読んだことがありますが、実際に日系の会社で働いてみて「なるほどな」と納得がいったのを覚えています。

　さて、日本や英語圏での英語プログラム(英語一般、英会話、ビジネス英語)でこう言った基本的で重要なポイントをカバーしてくれるでしょうか。答えは残念ながら「ノー」です。これらは日本語の言語文化と英語の言語文化の違いから生じるミスコミュニケーションですが、言語文化は無意識に習得されるのでネイティブの先生もなかなか意識できませんし、英語で書かれた教材には当然説明されていません。

この言語の重要ポイントをカバーしないと、テキストの英会話のダイアローグは私たち日本語母語者が実際に経験しそうもない状況が多くなってしまいます。よく考えてみればわかることですが、私たちが英会話で実際に経験するのは「日本語母語者である私と英語話者との会話」という形だけです。つまり有用な英語のダイアローグは、日英のズレを意識的にカバーしてあり、ミスコミュニケーションの説明へと導いてくれるものです。

英語学習上で英語の言語文化のルールの話をすると、すぐ日本人としてのアイデンティティーがどうのとか大げさに言う人がいますが、英語学習の目的は単に「英語で読んだり、誤解なくスムーズにコミュニケーションをする術を知っている日本語母語者になる」ということに過ぎません。つまり、英語でのコミュニケーションでカルチャーショックやミスコミュニケーションを少なくするということです。そのためには、単に表面的に英語を学ぶのではなく、「いつ、どこで、どう」適切に英語を使うのかも含めて英語の習得を試みる必要があるのです。

Column 「文化」には2種類ある

　高校生用の英語の『学習指導要領』には英語教育に絡んだ「異文化理解」の項目がありますが、残念ながらそこで扱っている「文化」は英語とは直接関係のないものが多い感じです。教科書に、あまり実用性のない不自然なセッティングの英語が多いのはこのためだと思われます。

　「文化」には2つあります。1つは本書で扱っている「言語文化」で、言語社会の中で社会化の過程で言語と共に半意識的に習得するものであり、言語とは切っても切れないものです。

　もう1つは意識的に学ぶ「学習文化」です。①文学、絵画、音楽など「美に関する文化」、②社会に関する地理や祭日、政治などに関する「情報文化」、③料理や紙の包み方など「技術に関する文化」です。

　言語としての英語の習得と直接関係があるのは「言語文化」であって後者の「学習文化」ではありません。後者の文化の中には、英語のネイティブでも知らない、またはできないアイテムもあります。一方、前者の「言語文化」はネイティブが英語とセットで習得するものです。

　日本の学校における英語教育の悲劇は「異文化理解」で英語とは切っても切れない「言語文化」を扱わないで、英語とはあまり関係のない「学習文化」を扱ってしまっていることです。社会科など他の教科で扱うべきものが英語のクラスに入ってきてしまっているのです。

　しかも、最近の『学習指導要領』では「日本文化を英語で発信」というようなことも言い始めています。高校の英語プログラムは通訳ガイドの養成プログラムとは違います。また、1つのセンテンス単位での口頭での英語表現に非常に苦労する高校生が、英語で歌舞伎や寿司などの日本文化を説明できるようになるとは到底思えませんし、そういった文化を英語で説明することにどんな意味があるのでしょう。そもそも歌舞伎など日本文化について知らない日本人でさえたくさんいるのです。

　肝心の英語の運用能力の向上を脇に置くことになる、こういった英語教育とは関係ない「文化」に貴重な時間とエネルギーを割くのは疑問に思います。

第3章

Jアプローチを使っての英語習得の具体的トレーニング法（メインワーク）

Ｊアプローチの使用を可能にする教材の特徴について

　では、スピーキング中心法のＪアプローチを使って効率よく英語の４スキルの習得レベルを上げるには具体的にどうすれば良いでしょうか。まずその説明の前段階として、ハーバード大学などの日本語プログラムが使用している教材の特徴について述べてみたいと思います。

　メインのテキストはジョーデン博士 with Mari Noda 著の Japanese: the spoken language(JSL) です。日本語の音声言語のリスニングとスピーキングをカバーしており、グラマーの説明はこの JSL の方に入っています。サブテキストは Japanese: the written language で、文字言語のリーディングとライティングのためのテキストです。

　メインの教材の **JSL は全３冊で計 1000 ページほどあり(この量が重要！)**(それプラスその音源)、日本語のシステム、つまり日本語のグラマーをほぼカバーしてあります。言うまでもなく、グラマーは文型文法、発音やイントネーション、そして言語文化上のルールも含みますが、習得の難しい言語相応にそれぞれかなり詳しく述べられています。そしてよく使われる単語、熟語、自然表現が豊富にカバーされ、初級から、中級、そして上級まで繰り返し使えるようになっています。

Ｊアプローチの援用を可能にする日本語母語者のための英語教材の特徴について

　日本語母語者が難言語の英語の習得を試みる場合のポイントは、英語母語者が難言語の日本語の習得を試みる場合と同様です。以下に、Ｊアプローチを援用して英語の習得作業を行う場合の教材の重要ポイントをまとめてみます。

1　グラマーの詳しい説明があるか

　第１点目は、日本語と英語は言語的距離が大きく、日本語母語者にとっての英語は最難外国語となります。習得を難しくしているポイントは、ほぼ日本語と英語のズレの部分でそれらは特定できます。かなり複雑微妙なポイントが多くなりますが、それ相応の詳しいグラマーの説明が必要です。

　最近「話すための英文法」の類の本はたくさん出版されてきていますが、一般に説明の量が圧倒的に少なく、相応に表面的になっている傾向にあるようです。カバーされない部分は当然英語も抜けることになります。

2 広い英語の世界をカバーしてあるか

　第2点目に、広い言語世界をカバーする必要があるので、当然口語と文語は両方カバーされ、それらの上級レベルまでの豊富な単語・熟語を含めた言語表現がカバーされている必要があります。

　日本の書店には、"日常英会話本"がたくさん並んでいますが、その多くは"英会話"の世界が小さ過ぎて、「日常会話」というよりはかなりの基本英会話である「サバイバル・イングリッシュ」に近い内容です。映画やTVドラマの英語の世界が実際の日常英会話に近いと思いますが、書店での売れ筋の英会話本はその実際の日常英会話に較べるとかなり狭い範囲の英語の世界しかカバーしていないケースが大半です。そういったタイプの英会話本はCDが2枚ついたものが多いのですが、それだけだとセンテンスの総数はわずか1000ほどです。実際の日常英会話に機能するためには少なくともその数倍の量が必要です。

　英語でのコミュニケーションの自由度は、インプットされている表現の量に比例します。例えば、鉄道網はより細かく張り巡らされていれば、それだけ移動の自由度は上がります。首都圏の鉄道路線の数が、現在の7分の1くらいになってしまえば移動には相当な不便を実感することでしょう。

> **Column** 語数のみならず句のバラエティーも重要
>
> 英語の習得語数はもちろん重要ですが句単位の英語表現も重要です。コロケーションは単語と単語のよく使われる組み合わせのことですが、これに慣れるには相応の数のコロケーションに触れ、インプット・インテイクするしかありません。1センテンスに15語くらい単語数があっても、句の数は4つくらいでしょうか。句単位で意味が取れればセンテンスの処理スピードが速くなります。
>
> 例えば、主な前置詞の数は30くらいでも、それらを実際に扱えるかどうかという観点から考えると、かなりの数の前置詞句を相手にしなくてはなかなか使えるようにはなりません。文法項目として考えると前置詞は数ページの問題かもしれませんが、前置詞を扱えるようにするという観点から考えると、多くの前置詞句を対象としなければならないので、やはりその十倍の数十ページの量を扱う必要があるのです。

3 繰り返しができるか

　第3点目に、センテンスパターンを理解し、英語表現を蓄えつつ練習することが重要ですが、この2つの繰り返しができるかどうかが効率的な英語の習得には非常に重要です。ジョーデン博士のメインの日本語教材のように初級、中級、上級すべて同じ教材を繰り返します。教材を取り替えつつの英語の勉強法では、なかなか"習得型"にはならず、"紹介型"となりやすいわけです。

　何度も言いますが、「繰り返し」は外国語に限らず、スキル習得タイプのものにとっては命と言っていいものです。料理でもスポーツでも何でもそうですが、スキルを向上させようと思っ

たら意識的に繰り返すほかありません。これらの繰り返し練習を行っている人とそうでない人では、前者のタイプの人の方が料理やスポーツがはるかに上達するのは当然の事ではないでしょうか。

4 言語文化上のルールもカバーしてあるか

　第4点目は、グラマーとは言語のいろいろな面の法で、文型文法や発音・イントネーションのみならず、言語を「いつ、どこで、どう」使うのかの言語文化上のルールもカバーしてある必要があります。例えば、すでに触れたように、よく使われ簡単だと考えられている挨拶表現、IやweなどのJ代名詞でさえ、「いつ、どこで、どう」使うのかに関して、対応する日本語とはまるで異なるポイントが多数あります。文型文法が「英語の正しさ」を扱うのに対して、**言語文化上のルールは「英語の自然さ」を扱います**。単語と文型さえ知っていれば適切な言語表現が作れるといったような単純なものでは決してないわけです。

5 いろいろな言語面を連動させて習得作業を行えるか

　第5点目に、グラマーである文型文法、発音・イントネーション、言語文化、そして英会話表現、単語、熟語など（量が多いと、その本自体がボキャビル本、熟語ビル本も兼ねることができるといった利点があります）はそれぞれ無関係同士の本を使って、「文型文法のための文型文法」、「発音のための発音」、「英会話のための英会話」、「単語のための単語」などのように行わないで、

英語の１つの大きなシステムの中で扱い、それぞれの言語アスペクトと連動させて習得を目指して行くことのできる ALL IN ONE タイプの教材である必要があります。

Ｊアプローチを援用しての学習に重要な
上記の５点を満足させる英語教材

　Ｊアプローチのための英語教材は私自身出版しております（『完全マスター英文法』『完全マスターナチュラル英会話教本』で、ともに語研）。この２冊の本のタイトルからはわかりにくいかもしれませんが、これらの２冊は日本語母語者のためのEnglish: the spoken language として書かれ、「スピーキングを中心とする英語の習得テキスト」です。当然読み書きもスムーズな習得へと導くもので、**２冊を合計すると 1000 ページ以上あり、音声データもあります**（英語の音声は私のホームページから無料でダウンロードできます）。

　上の５点を満足させるものであれば教材は何でも良いと思いますが、Ｊアプローチでの習得手順を具体的に示すために、便宜的に私の教材を使って説明させていただきたいと思います。

　まず、1)「グラマーの詳しい説明があるか」ですが、この私の２冊にカバーしてあるグラマーの詳しさの一端は、本書の２章の「文型文法」のところで"冠詞"と"時制＋助動詞"、「言語文化」のところで"Hi!"と"Take it easy!"の説明を読んでいただければ、ある程度想像できると思います。本書でもかなりのページ数がありますが、それでも上記の２冊本に比べれば簡略版です。実際には『完全マスター英文法』には"冠詞"を含め

た限定詞が応用練習を含めると45ページほど、"時制＋助動詞"は80ページほどギッシリあり、かなり詳しく、そして網羅的にカバーしてあります。

そして、2)の「広い英語の世界をカバーしてあるか」ですが、『完全マスター英文法』には平均的英会話本の7倍にあたる7000ものセンテンスがあります（プラス有用フレーズもたくさんあります）。しかも、選択されたセンテンスの多くは日本語母語者が引っかかりやすいポイントを含んだものです。

この7000ものワンセンテンス＋膨大な数のフレーズは「表現の引き出し」です。膨大な数の表現の引き出しを作れば、英語でのコミュニケーションの際に言いたいことはどこからでもサッと引き出しから持ってこれます。1000程度の数だと、実際の英会話で適切な表現の引き出しが見つからないという経験をすることになります。

3)の「繰り返しができるか」に関してですが、『完全マスター英文法』には各章とその応用練習のところに英文があり、それらの英文は青字と黒字2色に印刷されており、これらは「繰り返すこと」が前提となっています。上級者は全7000センテンスを扱います。中級者はチャレンジングな、もしくは比較的使わない英語表現のある黒字のセンテンスはスキップし、青字だけの合計5500ほどのセンテンスを扱います。初級者は応用練習をスキップした青字の計4000のセンテンスのみを扱います（「初級」でも一般的な英会話本の4倍ほどもあります）。

ですので、初級から中級に移動する場合、4000ほどのセンテンスが復習で、1500ほどのセンテンスが新たに加わります。中級から上級に上がる場合は5500ほどのセンテンスが復習で、新たに1500ほどのセンテンスが加るということになります。

このようにレベルに合わせ、繰り返しも行いながら徐々に英語表現の引き出しを増やしていけます。上級を一通り終えても、やはり上級の 7000 センテンスを繰り返し、練習の回を重ねるごとに徐々にスピードを上げるようにします。

　4) の「言語文化上のルールもカバーしてあるか」ですが、『完全マスターナチュラル英会話教本』は英会話の本というより言語文化の解説本です。本書の「こんにちは！」と「Hi!」の違い、「Take it easy!」の注意点などといったトピックはこちらの本に解説されています。

　そして最後の 5) の「いろいろな言語面を連動させて習得作業を行えるか」ですが、この 2 冊の本の中のセンテンスには、文型文法、発音・イントネーション、言語文化上の注意点、カジュアルからフォーマルな会話表現や文語的表現、単語や熟語をリンクさせながら学ぶことが可能です。

1 英作練習法による英語習得法

　では実際の「スピーキングを中心とした英語習得作業」の手順の説明に入っていきたいと思います(すでに２章の1.文型文法のところでそのやり方の一端は説明してあります)。テキストは文法と英会話が一体となったもので、音声データも付属しているものです。

1 グラマーを読んでポイントの理解

　最初に行うことは、グラマーを読んでポイントを理解することです。英語と日本語のズレは大きく、それだけ微妙なものがたくさんありますので、できるだけきちんとそのズレを理解しようとする態度が必要です。理解が曖昧なままであればあるほど、暗記などの学習に対してカラ回り度は高くなります。

2 英文を隠して日本文を見て即座に英語で言ってみる

　次に、英語のセンテンスを隠して日本文だけを見て口頭で英語で言ってみます。口頭で作る英文は日本文からの訳と考えな

いで、日本文は「与えられた状況」と考えてください。日本語からの直訳にならないようにできるだけ状況を想像し、感情移入をしてリアルに英語で表現します。

　もちろん、自分の作った英語表現がテキストのそれと違う場合があります。自分の英語表現が文法的に正しく、自然表現であれば当然OKです（フレーズの自然さのチェックはNgram Viewer, The Corpus of Contemporary American Englishなどで調べられますし、Googleもフレーズを" "で囲んで検索すればよく使われているかどうかがわかります。またネットを通してネイティブに直接質問することもできます〈yahoo.comのAnswers、EnglishClub ESL Forums、AllExpertsなど〉）。テキストの英語表現はあくまでも例・モデルですが、それをエクストラとして覚えても良いわけです。音声データで練習する英文はこれらの例文です。

3　口頭での練習や暗記

　上の 1 と 2 で、自分の脳にないグラマーや英語表現をあぶり出して、文法の説明を読んで理解を深めたり、定着していない英語表現を口頭での繰り返しの練習や暗記をします。日本文を見ただけでできるだけ自然なスピードで、しかるべき発音・イントネーションで言えるようになるまで練習をします。

4　音声データを使ってシャドーイング

　上の 3 で違和感なく英語が言えるようになったら、音声データを使ってシャドーイングをします。シャドーイングとは

音声データでネイティブが読み上げる英文に少し遅れてそのまま繰り返すことです。シャドーイング中は文字情報は一切見ません。プレーヤーからの音だけに頼って下さい（この前段階として、言い難いフレーズやセンテンスを音読することが必要なケースがあるとは思いますが）。

　慣れて余裕ができてきたら、ネイティブが読み上げる１つの英文に対して２度言ってみます。１度目はメカニカルなシャドーイングで、続いてそのまま同じ英文を口頭で繰り返しますが、２度目に言う場合は使う状況をイメージし、その状況相応に感情を込めます。

> **Column　●●●　プレーヤーについて**
>
> 　プレーヤーは、スピードを遅くしたり速くしたりできるものがベターです（Mp3プレーヤーのSony Walkmanは細かくスピードの調節ができます）。録音されている英語が速すぎると感じれば、シャドーイングでの練習が困難になりますので、シャドーイングのできる速さまでスピードを落とします。

１日に思いついたものをブツブツ英語で言ってみるメソッドの欠点について

　少なからずの英語習得のノウハウ本には、"１日に思いついたものをブツブツ英語で言ってみる"と言う練習法が推奨されています。これも確かにアウトプットである"英作"です。

しかし、この方法では自分の言った英語が正しいか、あるいは自然かどうかがわからずじまいになります。その英語が間違っているか不自然だとしても、では実際にはどういう英語表現をしたら良いのかがわかりません。しかも、それらを定期的にフィードバックする"繰り返し"ができないという大きな欠点があります。

英語の筋の決まったダイアローグなどを
丸暗記するメソッドの欠点について

　多くの英語のコミュニケーション本はダイアローグがベースです。会話の前後関係、状況を見られる利点がありますが、大きな欠点もあります。

　私はアメリカへの語学留学前にNHKラジオ英会話を毎日聴いていました。1年間に紹介された会話を全部暗記してアメリカに行きましたが、実際の英会話にはあまり役には立ちませんでした。

　その理由は、物語となっている英語のダイアローグをたくさん暗記しても、実際の英会話では物語どおり事が進まない限り、それは使えないからです。つまり、丸暗記の英語では状況の変化に対応できないのです。実際の英語でのコミュニケーションは、筋の決まった物語どおりには事が進みません。

　しかもグラマーパターンを理解をした上でセンテンスをリピート練習したり暗記をするわけではありませんので、暗記の定着や応用に問題が出てきます。

1つの文がスッと言えない限り
節や文を言えるようにするのは不可能

　グラマーの理解ベースで膨大な数の英語表現をインプット、インテイクする作業抜きでパラグラフ（節）やパッセージ（文）単位の練習や暗記をいくらやっても、それでパラグラフやパッセージ単位での英語で説明ができるようにはなりません。ワンセンテンス（ワンセンテンスが言えなければ英会話〈大体ワンセンテンスがベース〉にも支障が出ます）が言えないのに、複数のセンテンスのある節や文を作れるはずもないからです。言い換えれば、1つのセンテンスの引き出しの数がパラグラフ（節）やパッセージ（文）の質を決めます。

　本書ですでに触れましたが、東大生や京大生が TOEFL iBT のスピーキングセクションの短いパッセージ単位のテスト対策をいくらやってもスコアがなかなか伸びないのは、「表現の引き出し」を増やす作業を同時に行なっていないからです。つまり、表現の引き出しの多くが空のままだと、ショートパッセージ単位のスピーキングの練習はカラ回りしやすくなるのは当然のことだと思います。

2 ショートパッセージ単位での練習

　英会話の場合はワンセンテンスでピンポンのようなやり取りが多いのですが、時にパラグラフ（節）や短めのパッセージ（文）が挿入されることもあります。クラスやミーティングでの発言や電話で顧客へ説明ができるようにするためには、短いパッセージ単位で表現することに慣れる必要があります。ワンセンテンスでの英語表現の引き出しがたくさんできている、またはできつつある段階では、この作業はあまり難しくはありません。単に慣れの問題になるからです。

　やり方はTOEFL iBTのスピーキングセクションの独立型問題のタイプのものを使います（トピックとモデルアンサーは"TOEFL iBTのSpeaking Sectionの模擬タスク群"で検索）。アルクの電話を使ってのスピーキングテストもこのタイプですし、英検1級の2次試験にも似たパターンのものがありますので、それらを利用しても良いでしょう（トピックとモデルアンサーはvoiceroom.web.fc2.comへ）。

　質問は大まかに言って、Yes/Noで答えられるもの（一般疑問文）とWh型のもの（特殊疑問文）で、前者は例えば「自分の子供たちに留学経験をさせたいかどうか」といった質問に対して同意か不同意を述べて、そしてその理由を加えます。後者は質問

文の中に what、when、where、why、which といった疑問詞が付き、例えば「なぜ高校生は大学に行くのか？」といった趣旨の質問に対して、2つか3つの理由を挙げ、それぞれの理由に対して説明をします。

1 導入パラグラフ

第1パラグラフ(導入パラグラフ)には「主題」がきます。質問文、つまり同意不同意、または what、when、where、why、which などのある問いに対して、自分の立場を述べます。質問に対する自分の結論です。例えば上の質問「自分の子供たちに留学経験をさせたいかどうか」の場合であれば、「させたい」「させたくない」のどちらかの立場を示します。

> **Column ●●● 英語は結論が先に来る**
>
> 日本語のロジックだと「自分の子供に留学経験をさせたいかどうか」の問いに対して、「〜なので」の理由がきて、最後に「だから自分の子供たちには留学をさせたい」or「だから自分の子供たちには留学はさせたくない」という結論がくるパターンが一般的です。ツーカーでわかり合える日本語社会では、「私の結論はあなたもお分かりでしょうから敢えて言いません」といった感じで、その結論が省略されるケースも多々あります。英語のロジックは逆で、「自分の子供たちには留学をさせたい」or「自分の子供たちには留学はさせたくない」といった結論をハッキリ述べて、「なぜなら〜なので」といったように理由が後ろに続きます。

2 本論のパラグラフ

　本論の部分には、導入部を受けて２、３の理由（つまり２、３のパラグラフ）がきます。それぞれのパラグラフの最初には「第１にグローバル人材として就職の機会が増えるから」といった理由がきます（トピックセンテンス）。そして、その理由に対して説明を加えていきますが、その説明を進めれば進めるほど内容が具体的になり、具体例が使われることもあります。

3 結論のパラグラフ

　結論のパラグラフはオプショナルで、「これらの理由でわが子に留学機会を与えるのは意味があると思うが、今後さらにその重要さは増していくだろう」といったように、基本的には導入パラグラフの言い換えをします。言い換えですので、導入部で使われた表現は避けるようにします（パラフレーズ）。同じ表現を繰り返して使えば、文が単調になるからです。

　では、TOEFL iBT タイプのトピックを使って具体例を見てみます。

Topic: Describe something that you do to reduce anxiety. Explain why it is helpful. Include details and examples to support your answer.

　上のトピックに対する口頭での説明には、導入パラグラフ、次に本論に２つか３つのパラグラフがきて、そして時間が余ればまとめのパラグラフを入れます（ライティングも基本同じですが、ライティングの場合はこのまとめの部分は必須です）。

Exercising regularly helps me to relieve anxiety like nothing else can. This is true for several reasons.

First, when I exercise, I can be totally refreshed mentally. I don't think about many things I would think of otherwise. I can forget my day-to-day worries.

Second, from a medical perspective, exercising is great for staying healthy. It enables me to keep fit and avoid lifestyle related diseases such as diabetes. Regular exercise stops me from worrying about my own health. It also helps me keep my immune system strong.

Third, from a physical angle, exercising allows me to be stronger and look better. Staying fit gives me great confidence. I don't have to worry about how I look to others as much as I used to.

Exercising helps me change my life in a positive way. It makes me feel better both physically and mentally. That's why regular exercise is an effective way of reducing my anxiety level.

はじめは
自分のパフォーマンスを録音して復習

　最初は自分のパフォーマンスを録音し、それを聞いてフィードバックをします。できるだけ濃くフィードバックをするのに越したことはありませんが、後で何度でも同じトピックに戻ってくることになりますので(ここでも「繰り返し」が肝要です)、戻ってくるたびに徐々に完成度を上げる、というスタンスでも良いと思います。

自分のパフォーマンスのチェックでは、話し方(明瞭さ、流暢さ、発音の正しさなど)、文法の正しさや語句使用の自然さ、トピックの発展のさせ方(内容がロジカルで一貫性があるか、具体例や自らの経験を使っての発話内容のサポートが適切か)を見ます。

3 ロングパッセージ単位 での練習

　TOEFL iBTのライティングセクションの独立型の問題を使います。出題されるトピックはETSより公表されています（TOEFL Writing Topicsで検索すれば180以上のトピックにアクセスできるようになっています）。TOEFLではライティングのためのトピックですが、これを口頭にて練習します。比較的長くより詳細を述べることになるので、英語でのオーラルプレゼンテーションやスピーチの練習に良いでしょう。しっかりとした導入パラグラフ、本論に２つから３つのパラグラフを作りますが、説明や例などもより詳しくなり、長目になります。それプラスまとめのパラグラフは必ず入れます。

　Barron'sから出版されている『Barron's TOEFL essay』には185のトピックと、それに対するそれぞれのモデルエッセイがありますので、練習・復習に非常に役立ちます。例えば質問は次のようなものです。

Topic: It is better for children to grow up in the countryside than in a big city. Do you agree or disagree? Use specific reasons and examples to develop your essay.

　そして、モデルアンサーは以下のようになります。

I have to agree that it is better for children to grow up in a big city. It is true that children have better access to nature and feel more open in the countryside. However, if they stay in the countryside, children have limited opportunities to see and learn about different ideas. In the city, on the other hand, they are exposed to a variety of experiences. They see different kinds of people every day and have opportunities to attend many different cultural events. Also, they see people working in different kinds of jobs and therefore can make better choices for their own future. Growing up in the city is definitely better for children.

In a small town or in the countryside, people are often similar to each other in their backgrounds. In contrast, various kinds of people live in the city. City people come from many parts of the country or even from other countries. They can be of different races and religions. When children grow up in the city, they have the opportunity to learn about and understand different kinds of people. This is an important part of their education.

In the countryside, there are not so many opportunities to attend cultural events as there are in the urban situation. In the city there are many cultural facilities such as theaters and museums, zoos, and concerts. In the city, children can attend cultural events every weekend, or even more often. This is also an important part of their education.

In rural settings, there aren't many job opportunities when compared to the city. There is generally a lack of variety in the type of jobs available in the countryside. In contrast, people in the city work at many different types and levels of professions, as well as in factories, in service jobs, and more. Children growing up in the city learn that there are a wide variety of jobs requiring many different kinds of skills. As they grow up, they have a greater possibility of choosing a career that fits their particular interests and abilities. This is an essential part of their education.

Many people throughout the world move to the city for the educational and work opportunities there. Children who grow up in the city have the advantage of having more educational opportunities and the awareness of those opportunities from an early age. Therefore, the city is definitely a better place for children to grow up.

　長いパッセージの構成は、基本的には長さ、詳しさが変わるだけで 2. のショートパッセージと同様ですので、2. の説明を参照して下さい。

第4章

リーディングとリスニング、
そしてライティング
(サブワーク)

スピーキング中心法でのスピーキング習得作業は「根本的な英語力を付ける作業」とも言えます。ですので、リーディングやリスニングを行う場合もこの「根本的な英語力を付ける作業」を中心に持ってきます。つまり大学入試やTOEICのようにリーディングとリスニングだけの受動スキルだけのテスト対策をする場合も同様です。リーディングとリスニングだけに集中してテスト対策をしても、「根本的な英語力を付ける作業」を行なわなければ、スコアアップには限界が来やすくなるからです。ですので、「スピーキング中心法」は一見回り道のように見えて、結局は大学入試やTOEICのスコアもより伸びていくようになっているのです。

1 リーディング

　英語のリーディングは自分のレベルの少し上の読み物を扱います。わずか1ページにわからない単語がたくさん出てくると辞書を頻繁に引かなければならず、流れが掴みにくくなり、つまらなくなって結局は続かなくなるからです。読みに限りませんが、長続きさせる鍵はかなりの部分がわかることで、わかればより楽しめるようになります(楽しむためにも自分に興味のある内容の読み物がベターです)。

1 簡略版ペーパーバック

　Penguin Readers や Oxford の Graded Readers、IBC パブリッシングのラダーシリーズはレベル別になっていて、自分のレベルより少し上の読み物を選べます。わからない部分、曖昧な部分をクリアーにして徐々にレベルを上げていきます。

2 無料でダウンロードできる Kindle電子版

　世界の名作で、版権が切れて無料でダウンロードできる

Kindle電子本が少なからずあります。英語を母語とする著者による英語での小説より非英語母語の著者による小説の英語版の方がやさしい傾向にあります。例えばマーク・トウェインの小説は子供向けにもかかわらず使われている英語はかなり難しく、それに比べるとドストエフスキーの英訳小説に使われている英語はかなりやさしく感じます。

3 WikijuniorやSimple Wikipedia

WikijuniorやSimple WikipediaはWikipediaの簡略版で、英検2級や準1級レベルの英語学習者にはお勧めです。主に社会科学系、自然科学系のかなり広いトピックを扱っており、写真やイラストが豊富にあります。

4 Newsweekなど

Newsweekなどの週刊誌は「最終ゴール」と言えるかもしれません。レベルはTOEICやTOEFLのリーディングより上の傾向にあります。Newsweekは、記事によって比較的やさしいものから非常に難しいものまであるので、難しい記事は最初はスキップするのも1つのやり方かもしれません。毎週発行されていますのでフレッシュなニュースをカバーしており、アメリカだけでなく世界の情勢がわかるようになっています。

> **Column** • • • **GoodReader**
>
> iPadでGoodReaderというアプリに読み取り可能にしたPDFファイルを入れると、ワンクリックでわからない英単語の意味を出せますので、読みがスムーズにできます(kindle本もワンクリックで意味を出せますが、前者はコピー・ペーストができ、メモを書くこともできます)。

5 英語検定試験の長文問題

　検定試験にあるパッセージをリーディングに利用する方法もあります。英検は級に分かれているので、自分のレベルに合ったものを選びやすいという利点があります。読みの内容はアカデミックなものなので、高校生や大学生に向いていると思います。

　TOEICのリーディングのパッセージは、やさし目のものから比較的チャレンジングなものまであります。内容は、基本ビジネス英語ですが、最近は一般的な内容も扱っています。時間制限がかなりきつめなので速読の練習にも良いと思います。

6 洋書

　トピックによりますが、Newsweekなどの週刊誌より英語はやさし目です。紙の本でもkindleなどタブレットで読む電子書籍でも良いと思います。私は紙の本でもPDFファイル、つまり電子書籍にしてiPad miniに入れて読んでいます。

Column ● ● ● 電子辞典選びのポイント

1) 言うまでもなく、英語学習で必要なのは英英辞典、英和辞典、和英辞典です。できれば2種類づつある電子辞典を選びます。片方の辞書の説明で納得がいかなければもう片方の辞書でチェックができるからです。

2) 英語の辞典は中辞典ではなく大辞典のあるものを選んで下さい。中辞典では、調べても単語が見つからないという悲劇をときどき経験することになります。カバーしてある語数は大辞典で23万語ほどですが、中辞典ではわずか8万語ほどです。

3) 単語を発音してくれるものを選びます。単語はスペルも重要ですが音がプライマリーです。発音の曖昧な語は電子辞典に発音させ、発音・イントネーションに気を付けながら声に出してリピートして定着させます。

4) 調べた単語のリストを示してくれる機能のあるものを選びます。私のEX-wordには「ヒストリー」があって、新しいもの順に調べた英単語、成句をリストにして出すことができます。それらの単語や成句を定期的にフィードバックすれば効率的にボキャビルができます。単語帳はもう不要ですね。

5) 名詞が可算・不可算の別を示してくれているものを選びます。Cが可算(countable)でUが不可算(uncountable)を表しています。これがないと日本語母語者にはその辞書は全く意味をなさなくなります。日本語には可算・不可算の別がないので、英語の名詞の可算・不可算の別をキチンと仕分けしないと、主語である名詞の形が間違いだらけになり、主語の単複によって形が変わる動詞もおかしくなります。

6) できるだけ英和辞典ではなく英英辞典を使うようにします。言うまでもなく、その場合の問題は、調べた単語の英語での説明の中に分からない単語があるケースです。Longmanの英英辞典の単語の説明には、上位3000語の基本英単語（使用定義語いとしては約2000語）しか使われていませんので、その3000語をクリアーしている学習者は、英単語の意味を英語の説明で読んでも分かるという風になっています。

2 リスニング

　時間対効果を上げるためには、やはりやり方の原則をまず決め、同じリスニングの対象を何度でも繰り返します。「英語の勉強は卒業だ」とばかりに、多くの TV ドラマや映画を観るだけにすると、かえってリスニングの力は低下しかねません。

1　視覚情報があればベター

　リスニングでは、映像などの視覚情報があるものがベターです。実際のリスニングのシチュエーションでは、アナウンスやラジオからの天気予報などのモノローグはそうでもないかもしれませんが、センター試験や英検、TOEIC 試験のように聞き耳を立ててリスニングをするといったパターンはあまりありません。つまり、これらのテストのリスニングはあまりプラクティカルとは言えないのかもしれません。実際の英会話でのインターアクションでは、音声だけでなく顔の表情や仕草などの視覚情報はコミュニケーションの一部となっています。ドラマにしろニュースにしろ、今は視覚情報のあるものに触れられる機会がたくさんあります。

2 自分のレベルのその少し上をターゲットにする

　英語で TV ドラマや映画をたくさん観ることは、英語の根性型学習者なら別だと思いますが、あまり効率的な方法ではありません。日本人は、留学や出向中には TV ドラマや映画で英語に触れる機会が多々ありますが、一般に考えられるほど彼らのリスニングは伸びていってはいないのです。

　理解があって初めてインプットがあります。リーディングもそうでしたが、リスニングで扱う対象は自分のレベルの少し上のものを選んで下さい。つまり、x＋1 です(x がご自分の実力で、1 がそのすぐ上のレベルということです)。フォーカスすべきその 1 は、自分の現在のリスニングレベルである x と大きな開きがないので、集中してその弱点の克服ができ、繰り返しのパターンも絡めながら確実に 1 段階段を上がれます。そしてさらに次の上のレベルを目指すといったように、徐々に、そして確実に右肩上がりになるように英語のリスニングの学習を進めます。

3 字幕のあるものを選ぶ

　映像でリスニング作業を行う場合は、聞いて分からない部分を明確にするためにキャプション(英語字幕)かスクリプトが読めるようになっているものを選びます。ただし、上級の学習者が TV ドラマや映画の DVD を使う場合は、英語の字幕のあるもののみならず日本語の字幕のあるものを選びます(外国の Amazon で TV ドラマや映画の DVD を買うと、字幕が英語のみだったりします)。英語の字幕で意味のわからない英語表現を

辞書で調べても、その意味がわからずじまいになるケースが時々あるからです。その時は日本語の字幕でチェックできます。

4 聞けないフレーズは口慣らしをする

聞いていてわからない部分は、戻してもう一度聞きます。それでもわからなければそこは何度聞いても分からない部分なので、英語の字幕でチェックします。そして口慣らしで声に出して言ってみます。自分が自然な英語で言えるようになると聞きやすくなります。この作業にモタモタしないためには字幕を出しておきます（リスニングをしている間はもちろんその字幕は見ないようにします）。このプロセスを２度繰り返します。２度目に見るときはかなり分かるようになっているので、よりスムーズに進めることができます。

5 間を置いて何度も繰り返す

１、２ヵ月ほどの間を置いて、同じものを同じように繰り返してリスニングをします。そして徐々にシャドーイングする部分を増やします。最終的にはかなりシャドーイングができるレベルまで持っていきます。自分がしゃべれるものは聞こえるので、かなり高度なリスニングが達成できるようになっていきます。

DVD選択上の注意点

　スクリプトがあるリスニングサイトには、Lingoo（8レベルある）Listening in Levels（3レベルある）、VOA、CNN for studentsなどがあります。そして、最終ゴールはTVドラマや映画のDVDの視聴です。今やAmazonでドラマシリーズの1シーズンのDVD12枚セットが激安で買えます。以下、DVD選択上での注意点を書いてみます。

　繰り返しリスニングをすることになりますので、自分にとって面白そうなもの、飽きのこなさそうなものであることが前提になります。出演者の会話中のバックグランドの音のうるさそうなTVドラマや映画はリスニング作業ができにくいので避けます。会話の少ないTVドラマや映画も避けます。できるだけ会話の詰まっているものがベターです（私自身はDesparate Housewives「デスパレートな妻たち」を今観ています）。

　膨大な数のTVドラマや映画が観れる月額会員制のhuluは安くて良いのですが、お勧めはしません。繰り返しになりますが、リスニングはたくさん聴けば良いというものではないからです。重要なのはリスニングの質と繰り返しです。huluでは、仮にFriends「フレンズ」が観れても、リストから消え突然観ることができなくなることがあります。こうなると肝心の繰り返しができなくなります。ただし、面白くかつリスニングに有益そうなTVドラマや映画を探すためにhuluを使う手はあると思います。

　以上のパターンでTVドラマや映画に付き合える段階になっ

てしばらくすると(スピーキングベースでの根本的な英語力向上作業も同時に行った場合ですが)、TOIECのリスニングのパートは試験勉強無しで満点が取れるレベルまでになれます(難聴気味の私でさえ、この方法で現在TOEICのリスニングのパートは試験勉強ゼロで3回連続満点獲得中です)。

3 ライティング

　ライティングに関しては、スピーキングの所で行う「ショートパッセージ単位での練習」「ロングパッセージ単位での練習」（pp.89～96参照）で十分です。口頭にてまとまった考えをキチンと述べることができれば、ランティングにても当然それはできます。ライティングの場合は、よりしっかり考えながら時間をかけて書くことができるのでスピーキングよりははるかに簡単です。

対 談

10年先の英語教育を見通して
米原 幸大 & 晴山 陽一

〈対談〉
10年先の英語教育を見通して
Kodai Yonehara & Yoichi Hareyama

変わる大学入試と英語教育

[晴山] この本は絶妙なタイミングで出版されるなあ、と思っています。なぜタイミングが良いかと言うと、今ちょうど、2020年に向けて日本の英語教育が大転換の時期にあります。私が見るところ、大転換のポイントというのは大きく言えば2つあります。一つ目は、今まで大学入試が読解中心だったのが（ちょっとだけリスニングが入っていますけども）、「4技能の試験」が全国の大学で行われるようになる。で、今回の本は、その4技能化を先取りしていると思うんですね。

2つ目は、今まで小学校、中学校、高校、大学の間にそれぞれ深い断絶があった。例えば小学校で楽しく英語を勉強しても、中学で突然文法中心になるとか。あるいは、中学や高校で『学習指導要領』通りに、なるべくオーラル中心にやろうとしている先生がいらっしゃるけれど、

大学入試の準備は読解中心ということで、そこにまた断絶が生まれる。そういう風に小学校、中学校、高校、大学の間に一貫性がなくて断絶があった、あるいは大学入試に振り回されてきた。それが小学校から大学まで4技能カバーということで一貫してくる。

そういう2つの機運があって、両方とも「バラバラ」を解消しようということが一番大きい主題になっていると思うんですけども、この本は「さらばバラバラ学習法」ということで、バラバラを解消していこうということがテーマになっている。読解中心じゃないんだ、4技能なんだ。しかも、4つの技能は横並びではなく、スピーキング、リスニング、リーディング、ライティングの間に、学習順序、あるいは主従関係があるという趣旨ですよね。そこが、4技能を先取りしているだけではなくて、4技能をどう教えたら良いか、どう学んだら良いかということまで含めて先取りしている、そういう本だと思います。そこら辺の、まず4技能はバラバラではない、というあたりからお話を聞かせてください。

本当に「英語」の教育になっているか

米原　まず、Jアプローチからみると、日本の英語教育の「英語」は実際には「英語」ではないということを強調したいのです。ここが英語教育関連の議論が混乱してしまう理由だと思います。「英語」の議論で、それぞれの定義の「英

語」で議論してしまえば、すれ違いが出てしまうのは必然ではないでしょうか。

日本の英語教育は「英語」の教育というより、実際には翻訳者養成所が扱うような English for specific purposes (ESP)、つまり「特殊目的の英語」の教育に近いと思います。自動車教習所で言えば、交通法規などの学科履修中心の「特殊目的の自動車教習所」です。最近は英語のネイティブの先生を使ってオーラル英語をカバーすることもありますが、残念ながら主にメカニカルな発音のプレーヤーのような役割が中心で、コミュニカティブなインターアクションはほとんどないのです。自動車教習所で言えば、履修生たちに車の運転風景を見せたり、せいぜい停車中の車の運転席に座りハンドルを握らせる程度です。これでは「自動車の運転の実地訓練」とはとても言えません。「オーラルコミュニケーションのクラス」とは到底呼べないということです。結果、学校英語教育へのネイティブの導入以前と同様、生徒の英語が片言のレベルから抜け出せないままです。

この「習う」タイプの英語学習法への反動として、「慣れよ」とばかりに英会話スクール、大学、企業などで英会話プログラムがたくさんできていますが、これも「特殊目的の英語」で、自動車教習所では面倒な交通法規の勉強抜きに車を運転しようとする「特殊目的の自動車教習所」のような感じだと思います。

この2つのタイプの自動車教習所は、リアリティーのな

いパロディーのように思われるかもしれませんが、実は少なからずの大学の英語教育ではこれが現実になってしまっています。正規の単位がとれる英語のクラスで、読解中心に「英語について議論する」タイプのものと、英会話スクールをキャンパス内に招いて行う非正規で単位のとれない選択制の英会話レッスンで、それぞれが独立して存在しています。

では、「本来の英語」教育・学習とはいったい何か？それは「本来の自動車教習所」とは何かを考えてみるとわかりやすいのかもしれません。「本来の自動車教習所」では、交通法規を勉強しつつ、システマティックに自動車の運転の練習をして、徐々に、そして確実に運転スキルを上げていく「習って慣れよ」タイプの学習をします。Ｊアプローチ応用での「本来の英語」学習法は、英語の４スキルをバランスよく、そして効率的に習得するために、英語の複雑なグラマーへの理解を深めつつスピーキングを中心に練習して、徐々に、そして確実に英語の４つの言語スキルをバランスよく上げていくやり方です。

中学、高校、大学(まあ社会人時代も含みますが)と「本来の英語」の学習を一貫して行い続ければ、学習者の英語力は費やした時間とエネルギー相応にコンスタントに右肩上がりになります。しかし晴山先生のおっしゃった、入試などによる「断絶」が起これば、それ以前が「本来の英語」教育・学習であれば、断絶以降の英語力は下がりかねません。

センター試験などの英語の大学入試は、典型的な「特殊目的の英語」のテストですね。非常に読みに偏ってしまっています。TOEICのテストも同様で、読み聞きの受動スキルだけで、マークシートでできてしまう「特殊目的の英語」のテストです。ちょうど、自動車教習所で実際の運転のテストをすることなく、ペーパーテストだけで運転免許証が獲得できるようなものですね。

日本では、その「特殊目的の英語」教育であり続ける理由として、「学校は英語の基礎を付けるところだから」というのがあります。それで、「オーラル英語、つまり音声言語は個人の必要性に応じて自分でやりなさい」となるのですが、そもそも「英語の基礎」になるのは音声言語であって、文字言語ではないのです。

Jアプローチの前身は戦時中の日本語プログラムだと思いますが(これは後にアーミーメソッドという名で知られることになります)、最初から言葉の本質は「音」で、音声言語が基礎になっているので文字言語が習得しやすくなっているわけです。つまり文字言語はその音声言語の上に乗っかっているに過ぎないのです。その当たり前のことを当たり前にやって、日本語の4スキルをバランスよく、そして効率的に習得してきたんです。

アーミーメソッドの先見性

[晴山] もともとアメリカの日本語教育では、4技能というのは当たり前だったわけですね。

[米原] しかも、アーミーメソッドは戦時中にもかかわらず音声教材もありました。言葉は「音」なので当然ですね。日本の高校の教科書には未だに CD など音声が付属していません。これほどオーラル英語の重要性を強調していてです。そうなると教科書にある英語のダイアローグを「読む」ほかありません。大学入試でもダイアローグを読むようになっています。ダイアローグを読むことは実際にあるのかな、と思いますが。

[晴山] ということは、日本で英語の基礎力として考えていることは、本当は基礎力にはなっていないということでしょうか。つまり日本では会話文も含め「読むこと」からスタートする。まず文字を覚える、そして見よう見まねで発音をして、リーディングと発音を結びつけることで音読が成り立つ。で、その音読をやっていればやがてスピーキングができるようになる（はず）という、そういう基礎力の考え方がありますけど、それは全く違うということですよね。

[米原] 私たちが母語である日本語を習得する場合を考えても明

らかですが、小学校に上がって文字言語にドップリ触れる前にすでに日本語の基礎はできているんですよね。

[晴山] つまり文字を覚える前にしゃべっている、と。

音声言語と文字言語

[米原] しゃべっているんです。それが基礎になっているので、文字言語が乗っかりやすくなっています。つまり小学校からリーディングを、そしてライティングを始めても、オーラルによる基礎ができているので文字言語もスムーズに習得ができていくという形です。Ｊアプローチで言語習得を試みる場合も全く同じ順序なんです。日本の英語教育は、リーディングからスピーキングという学習順序ですが、そうである必然性は全くないですね。単に海外との交流が難しかった昔の英語教育からの伝統を引きずっているのに過ぎないと思います。

第一言語であろうが第二言語であろうが、言葉の本質は同じなわけですから同じ順序であるべきなんですね。アーミーメソッドとＪアプローチによる言語の習得順序は、音が先で文字はその上に乗っける、母語習得と同じ順序です。日本の英語教育ではそれがひっくり返っているので、習得効率が極めて悪くなっていると感じます。

実際、今の読解中心の学習法による「英語」は、基礎に

なりにくいだけでなく、障害にさえなっている部分が少なからずあると思います。

(晴山) 基礎だと思っていることが邪魔になっている、と。

(米原) 文法読解中心の「英語」だと、そこからオーラル英語にいく場合、「学び直し」がたくさんある感じですね。つまり unlearn と learn をしなければならないという2重手間です。ですので学校英語を卒業したときに、日本人は相当苦労することになっていると思います。

(晴山) 入り口が違ってたということですよね。

(米原) かなりおかしな癖がたくさん付いちゃってて、その克服に四苦八苦しているような感じですね。私はアメリカに語学留学、正規留学したんですけども、ほとんどの日本人は現地でその「学び直し」に大変苦労しています。日本人出向者の方たちもそうです。

(晴山) 単純に言うと、日本の英語教育は、何か横文字で(英語で)書いてある。何て書いてあるんだろう。どういう意味なんだろう。それが最初の問いになって、そこから学習に入っていくという形ですね。やっぱりどうしてもまず文字がある。日本の英語教育の歴史で、リンガフォンとか音も大事だぞということが認識されるのは随分あとですよね。戦後すぐには、音から入っていくという考えは日本にはなかったですね。そして、技術的にもいろいろ困

難があった。

米原 20数年前に学校英語にネイティブを導入し、オーラル英語の教育はスタートしているんですが、英語プログラム全体でいうと、読み偏重は変わらないですね。

晴山 まず文字があって、それを発音するときに、あるいは会話をするときにはじめてネイティブの知恵をちょっと借りようという、そういう順番ですよね。

米原 ネイティブを導入してオーラルコミュニケーションをやっても、現行の読み中心の英語入試には結びつかないですからね。オーラルコミュニケーションのクラスに使う時間が増えれば、それだけリーディングというか文法訳読法のクラスに割く時間が減ってしまいますね。

晴山 で、ペーパーテストで点が取れなくなってしまう。

オーラル導入の落とし穴

米原 そうすると踏んだり蹴ったりですね。つまり、一応『学習指導要領』にはオーラル英語をカバーすることになっていて、オーラル英語のための時間は使いますが、実際に機能する形ではやっていないので、以前と同様生徒のオーラル英語の方はあまり伸びない。しかも文法と読み

のレベルは、オーラル英語に時間を取られた分下がってしまうということですね。

晴山 やっと日本も4技能試験になり、4技能を均等に勉強していこうと、制度的には変わりつつあるんですけど、私のもともとの考え方に、いくら制度を変えてもちゃんと原理をわきまえていないと、またそこでバラバラの学習に陥りかねない、という考えがあるんです。今日はスピーキングの日、明日はライティングの日というふうに。

そういうやり方をしてしまうと、へたをすると、今までとあまり変わらないぞという思いがあって、じゃあ原理ってなんだろうと踏み込んだときに、そこでもJアプローチの「スピーキングから始める」という方法論が原理として働いてくる。単なる4技能は出発点に過ぎないって感じがするんですけれども。

今まで日本の英語教育の風潮に、ネイティブを目指すとかバイリンガルを目指すという、ちょっと軽はずみな考え方があったと思うんですけども、そのネイティブとかバイリンガルっていうのは、まあ言ってみれば、その言語の習得装置が「自動的に」発動している人たちですよね。特に子供のとき。

それに対し、日本で英語教育をやろうとか、あるいはすでに社会人になった人たちの再学習をどうするかってことになると、ネイティブやバイリンガルを目指すってことではなくて、いかに言語習得装置を自動的にではなく

「意識的に」発動するかっていうことがポイントになると思います。そこでやっぱりJアプローチが、学習・習得していくその順序だてを具体的に示していると思うんですね。そのあたりをもう少し突っ込んでお話をいただけますか。

4つの技能は対等ではない！

米原 Jアプローチは何十年もの間、ひたすら言語の4スキルをバランスよく、そしていかに効率的に習得すべきかを追求してきました。言語の4スキルには主従関係があって、スピーキングが最重要だということは終始一貫しています。スピーキングがリスニング、リーディング、ライティング力を伸ばすためのベースになると考えているからで、学習者がスピーキングのために費やす時間とエネルギーは、全体の7～8割くらいにもなります。

晴山 そこまでスピーキングを重視しているんですか。ということは4技能と言いながら、実はJアプローチはスピーキング主導であると。

米原 ええ、話技能が主導であると。ということは大学入試に4技能テストを導入するというときに、これは端的に言えば、TOEFL iBT なんかがそうですけれども、それぞれのスキルが25％ずつというのはバランスが良いとは言

えません。なぜなら、クラス外、クラス内で費やす時間はスピーキングが多くなるので、テストの配点も当然それを反映させる必要があるわけですね。

コミュニカティブなテストといえばオーラル試験です。もちろんオーラル試験にはリスニングも入っているわけですが、リスニングコンプリヘンションはその試験の5分の1くらいのポイントでしょうか。リーディングやライティングをカバーしたペーパーテストもありますが、その配点はかなり少な目です。つまり、シラバスにある目標(スピーキング主導で4スキルをバランスよく伸ばす)、それに到達するためのクラス活動、その評価であるテストがきちんと三位一体というか、一貫しています。日本ではこれがバラバラです。

新『学習指導要領』には「英語は基本英語を使って教える」とありますが、相応の習得メソッド・学習法抜きでは成り立たない話だと思います。

晴山　本来こういう学習法をとっていないで、いきなり「授業を英語で」というのは、もともとコミュニケーションが成り立っていないところでの無理やりな話になっていますね。

米原　生徒から英語が出てこないですし、生徒も先生から英語で何か言われたときにわからないケースが多くなりますね。わからないと英語で返しようがない。コミュニケーション自体が成り立たないわけです。そうすると、一斉

にリピートさせるメカニカルで無機質な「コーラスドリル」が増えてしまいます。

リーディングの扱い方

米原 「英語は英語で教える」に関連して、Jアプローチがリーディングをクラスでどう扱っているか説明させてください。リーディング教材はそれぞれの生徒の机の上にあります。生徒はその英語の教材には日本語訳とかヒントとなるものは書きません。そして、すでにクラスの準備としてそれを読んできていることを前提としてクラスを行います。

リーディングで重要なのは、生徒の英語のパッセージの理解度で、その内容の理解度のチェックは、先生が生徒に英語で質問し、生徒はその問いに対して英語で答えることで行います。もちろん、生徒に他の生徒に対して英語で質問させるパターンも多用しますが。つまりリーディングも、すべてが英語のみで行われる直接法です。英語は英語のまま理解すると、リーディングスキルはよりスムーズの伸びていくわけです。こういったタイプのリーディングが成り立つためには、Jアプローチのようなスピーキング中心法であってはじめてできることだと思います。

このように、Jアプローチは英語のリーディングセッショ

ンを行う場合でも、リスニングとスピーキングの復習になり、ライティングの予習になるといったように、お互いのスキルが予習・復習になるようになっています。

晴山　リーディングの授業ですら、リーディングした内容について英語でコミュニケーションすることによってはじめて成り立つという、その考え方も我々には非常に新鮮ですよね。リーディングはどこまでもリーディングではなくて、あるいは説明してわかるっていうことではなくて、リーディングした内容について討論する、コミュニケーションするっていうところまで持っていく、それが当たり前ってことですね。

米原　Jアプローチでは当たり前です。バラバラ法は時間がかかるし、効率も悪いですからね。それで、本書で触れた村上春樹さんのプリンストン大学での日本文学のクラスにつながるわけです。向こうは議論形式で、しかもその議論が日本語で成り立っているわけです。Jアプローチでの日本語のプログラムがあってはじめて可能になるわけです。

晴山　つまり、題材が文学であってもそれを単にリーディングするだけではなくて、それに基づいてコミュニケーションが成り立っていると。

米原　そうです。日本の英語のクラスで生徒に読ませて、訳させるというのは非常に非効率です。

晴山　言ってみれば袋小路みたいな感じですよね。

米原　非常にもったいないですね、リーディングのためのリーディングをやらせるというのは。それで生徒が楽しいかというとそうでもないですね。私もそうでしたが、英語嫌いや落ちこぼれが多いのはこのあたりが原因だと思っています。使える英語に結びつけると将来生徒に役に立つのですが・・・。

晴山　訳すだけのクラスだと、合っているか間違っているかの判定だけになりますけれども、コミュニケーション主体の授業であれば、結局個性とか、例えばクリエイティブな、あるいはクリティカルな能力とか、そういうことが主題になってきますよね。それはこの人はマルでこの人はバツという世界と全く違いますよね。

あと、メソッドとしてスピーキング中心ではあるけど、「理解」という部分をたいへん重視しているっていうのも非常に新鮮です。理解というものがJアプローチではとても大事だ、という点についてちょっと説明してもらえますか。

米原　日本語というのは英語母語者には大変難しいのです。ジョーデン博士は「最も難しい外国語だ」と言っておられました。同様に、英語は我々にとって非常に難しいのですね。これは認めざるを得ないと思います。我々のよ

うな英語の先生でさえ特にオーラル英語で苦労します。

難しい対象を説明しようとしたとき、当然説明は増えますね。かなり込み入った内容のものが多いので。相応に、ジョーデン博士の日本語のテキストの場合は説明が非常に詳しいのです。一方、日本の中学と高校の英語の教科書にほとんど説明がありません。ですので、先生がクラスの中で説明して、生徒は一生懸命ノートをとる感じになりやすくなっていると思います。Jアプローチの場合は、生徒が理解するための説明はテキストの中に与えられています。それをできるだけクラスの外で、生徒に読ませてクラスの準備をさせるようにする。クラス外の準備として重要なのはグラマーパターンの理解とメカニカルな練習や暗記です。つまり、グラマーを理解しないと暗記もなかなかできないわけです。暗記ができなければ、クラスでよりコミュカティブに表現を使おうとしてもそれはできません。

文法もコミュニケーションの道具

[晴山] 米原先生も、グラマーを理解するとはるかに暗記がしやすくなると書いていますね。

[米原] 言葉はやはりシステムになっていて、晴山先生もご存知だと思いますけど、チョムスキーの有名な言葉の定義に「ルールに支配された創造性」というのがあります。ルー

ル、つまりグラマーがあってはじめてクリエイティブに文を作れる。それが言葉の本質としてある。目標は言語の４スキルの習得レベルを上げることですが、ベースにグラマーの理解がないと、または弱いとそれができないですね。そうすると、Ｊアプローチの生徒はグラマーをより詳しく読もうとする。それで暗記がより楽になり、クラス活動がよりスムーズになります。先生は生徒から出てきた英語で生徒のグラマーの理解度をチェックできます。つまり、先生はグラマーの講義をする必要はないということになります。

ただし、グラマーのセッションというのは実はあります。テキストに詳しくグラマーについて書かれていても、それでも最難言語相応に微妙な難しい問題がたくさんあるので、生徒にとってなかなか理解できにくい部分もどうしても残ってしまいます。そこで、プログラム全体の25％くらいの時間を使って、生徒の理解の弱い部分にフォーカスします。最終目標はそれを使えるかどうかなので、実際にメカニカルに使えるレベルまで上げていきます。ちなみにグラマーのセッションは生徒の母語で行います。生徒の理解が重要だからです。

[晴山] つまりグラマーですら、たんに知っているかどうかではなくて、コミュニケーションで使えているかどうかということが評価基準になるということですね。

[米原] そうです。グラマーのセッションはあくまでも、コミュ

ニケーションのクラスのアクティビティーの質を上げる、つまり「英語を使えるようにする」ことに直結させるのが目的です。

理解度の弱いグラマーの項目のポイントについて話し合い、理解度が上がった段階で、日本語での句や文を口頭で言って、英語の句や文をやはり口頭でサッと出してもらいます。

例えば、固有名詞のケースで、公共の場所にはtheは付けませんが、建造物にはtheを付けますし、地理的名称のケースで海や川などサイズの変わるものにはtheがくるのですが、話し合いで理解を深めた後は、先生(T：Teacher)が「東京駅」といえば、1人の生徒(S:Student)が「Tokyo Station」と瞬時に答えるようなメカニカルなチェックをします。T：「ホワイトハウス」、S：「the White House」、T：「サハラ砂漠」、S：「the Sahara」、T：「エベレスト山」、S：「Mt. Everest」、T：「コロラド川」、S：「the Colorado」、T：「コロラド州」、S：「Colorado」、といった具合です。

[晴山] 日本の英語教育の悪口を言ってもはじまらないんですけれども、教科書にジョーデン先生のような周到な文法の説明が書かれていない。その部分を先生が講義しなければならない。だけど先生の知識が曖昧だとその講義もいい加減になりやすい。

[米原] そこが大きな問題です。

きちんと説明するほうが効率的

晴山 ほとんど説明しない先生もいて、その場合は、今度は頭ごなしの丸暗記ですよね。ともかくこの例文を暗記しなさい。そうすると理解がなくてただ暗記をする。そして、暗記をすれば話せるようになるだろうという神話がつくられていくわけです。

米原 そのパターンだと、クリエイティブに英文が作れませんし、暗記自体も難しいと思います。

晴山 非常に苦しいですよね。

米原 アトランダムな数字を暗記しなさいというようなものですね。

晴山 たくさんの電話番号を覚えるのに近いことになってしまいますよね。ルールが無いわけだから。

Jアプローチの教材に300ページもの詳しいグラマーの説明があるのは、われわれから見ると、とても複雑で時間のかかるメソッドのように一見思えるんですけども、逆に米原先生は、それこそが最も効率的な方法だとおっしゃっていますよね。そこがわれわれの常識外の考え方というか、やり方をしていることになると思います。例えば10時間かけて、日本の教育だと2歩か3歩しか上

がらない。しかしＪアプローチを使えば10時間かけて多分2、3歩じゃなくて10歩くらい進むから、習得カーブが非常に高い。そして、結果的には効率的になる。到達目標が明確で、説明のステップ化もあらかじめ周到に準備されている。つまり明確なロードマップが描かれているということですよね。言い方を変えると、やらなければいけないことが完全に見えている。

その結果、「理解のための勉強」じゃなくて、「理解を前提とした勉強」が成り立っている。実際にコミュニケーションが成立している、というあたりが効率的とおっしゃっている所以だと思うんですけども。Ｊアプローチが効率的だというところをもう少しご説明ください。

米原 やはり我々が母語を習得したとき、これは効率も非効率もなくて全員、ほぼ完璧に習得してしまうのですが、要するにオーラルが最初に習得されるという習得順序はあったわけです。我々の場合第二言語習得ですが、その習得順序は違わないわけですね。例えば言葉の学問である言語学の『言語学入門』といった本を読むと、文字言語が最初にあるという風には書いてないですね。当然音声言語から始まっているんです。

晴山 人類の歴史を見ても、文字のない音声言語の時代が膨大な年月続いています。

米原 今でも文字言語のない民族とかありますし、それで彼らは言語がないかというとそうではなくて、言語はあるん

ですね。ですから言語というのは音ですから、その第二言語を習得する場合も音を最初に持ってくることが理にかなっている。

ただ、第一言語と違って第二言語習得の場合は、特に難言語のケースですが、非常にやっかいな問題があり、相応のしっかりとしたメソッドが必要なわけですね。単にネイティブを導入すれば良い、といった単純な問題ではないのです。あの難しいグラマーをどういった形で入れていくのか。グラマーは音声言語にくっついているといっても、どういった形でカリキュラムに入れ、どういったクラス活動をすれば良いのか。Jアプローチはそれらの問いに対して具体的な答えを持っています(より具体的には、拙著の『米国の日本語教育に学ぶ新英語教育』＜大学教育出版＞をごらんください)。

「紹介型」学習と「習得型」学習

米原 4技能型の入試が導入されれば、英語教育も英語の4技能習得型にシフトせざるを得ないのですが、相応のメソッドが重要になってくるわけです。例えば冠詞を学習する「紹介型」と、使えるようにする「習得型」は全然レベルが違います。中学校から、さらに社会人になってからもかなり冠詞は学習しますが、実際に書くときとかしゃべるときに冠詞は大体ガタガタになってしまっています。Jアプローチのような「習得型」のやり方だと、

それはあり得ないです。使うためにやっているからです。インプットのレベルがリーディングとスピーキングではまるで違います。

晴山　使っているということは、常にフィードバックをしているということですね。

米原　そうですね。生徒はしっかり使うためにはよりしっかりグラマーを理解しなければならないことに気がつきます。また、クラスのオーラルレッスンで、間違いはコンスタントに指摘され続けます。

晴山　日本語と英語はそれぞれの母語者には最難言語で、お互い非常に遠い言語であると。習得は難しいが、その困難さを最初にキチンと認識していれば、最も効率的な学習が可能になるということですね。逆に、易しいことばかりやってると、フィードバックもされないし、本当には使えるようにならない。結局のところ非常に効率が悪い。そして一定以上進まない。

米原　「紹介」という形になっていますね。どんどん紹介はされるんですけれども、使いこなすというのが前提にないので、紹介されることと自分の使えることとの開きがドンドン大きくなっていきます。

晴山　つまり4技能のバランスがどうとかではなくて、単純にコミュニケーションができているかということで、常に

検証されているということですよね。

米原　それに、音声言語習得が先にくると、リーディングで訳読する必要がなくなります。自分がスッと言える英語表現は語順通りにスッと読めます。それが本当の意味でのreadingですね。その前提がないと、それはreadingではなくてdecoding、つまり読解、解読、暗号解きなんです。「英語」の定義もそうですけど、「リーディング」という語も正確に使う必要があると思います。リーディングはもともとオーラルとリンクされているわけですから。

晴山　4技能試験ということで、われわれの意識がそこにいくのはいいんですけども、4技能というと4つの技能がバラバラにあるというような、そういう錯覚を与えかねないですね。

米原　4技能がバラバラだと、クラスの時間、勉強の時間が足りないよ、ということになって、オーラル英語をやることに反対される現場の先生が多くなるのです。実はそうではなくて、言葉はそんなバラバラにはなっていないのですが、オーラル言語が土台にあって文字言語が乗っかっているのですから、そういう風に勉強させればいいだけのことだと思います。

インプットとアウトプット

(晴山) おそらく4技能と関連すると思うんですが、インプットとアウトプットについても大きな誤解があって、例えば、音読とかシャドーイングをアウトプットの練習だと思っている人は多いと思うのですが、でもそれは違うと。

(米原) 結局、音読やシャドーイングは人の書いたもの、言ったことをそのまま繰り返しているだけなわけですね。自分の脳と舌というか口を使って英作する練習をしない限り、英語でのコミュニケーションの機会があったときに、英語が出ないということになりやすくなると思うんですね。英語でコミュニケーションをできるようにするためには、やはりコミュニカティブに自分で英語が出せるようにする。それが最終的なゴールとしてあって、そのための前段階として音読とかシャドーイングというのはあると思います。音読とシャドーイングは非常に重要で有力な方法なんですが、それはあくまでもインプットをするための口慣らしですね。一方、アウトプットは自分で英語をクリエイトすることです。

(晴山) 音読やシャドーイングは手段ですね。

(米原) そうですね。Jアプローチもそういったメカニカルな練習はあります。口慣らしは必要なので。でも、実際生徒

からいかに英語をアドリブで引き出すか、ここがやはり最重要なんです。実際の英語でのコミュニケーションがそうだからです。そのためには、先生は相応のティーチングプランを作らなければならないわけで、そこが先生の一番時間とエネルギーを使うところです。

だから、クラス見学では実際に生徒からどのくらいの量と質の英語がアドリブで出てくるのかを見ることが重要なんです。一見生徒から英語が出てきているようでいて、実は先生の英語の繰り返しや、暗記してきたものを言っているのに過ぎないケースがかなりあります。主にしゃべっているのは英語講師、というケースは論外ですね。

また、アドリブで出てきた英語の質も重要です。クリエイティブなものではなく、英語でのやり取りがかなり決まり文句的な内容に終始する場合も少なからずあるからです。

Jアプローチでの言語プログラムでは、生徒からできるだけたくさんの英語、できるだけ質の高い英語を引き出すことが中心になります。

スキットの暗記について

(晴山) インプットとアウトプットを取り違えていることの延長上に、コミュニケーションのための高度な学習法としてスキットの暗記、ある程度まとまった会話を丸暗記する

というやり方が、例えばラジオ、テレビの語学番組で多用されていると思うんですけど、それについてもクリエイティビティーが欠けているという言い方を米原先生はされています。

米原　私もアメリカに行く前にたくさん英会話のスキットを暗記しました。全部で250シーンくらいだったと思います。初めてアメリカに行ってびっくりしたのは、実際に英語がなかなか出てこなかったことです。後で考えてみるとそれはよくわかることなんですが、要するに実際の英会話はスキットの物語の通りには進まないわけです。

ジョーデン博士の日本語のテキストのダイアローグが短いのはそのためだと思います。ＡとＢの１、２往復の会話か、せいぜい３往復ぐらいの短いスキットが中心です。長いスキットはそれだけ面白い内容を入れることが出来るので、メリットはあるとは思いますが、アドリブで使えるようになる方向には行き難いですね。

晴山　そうすると日本で時間をかけてやっているスキットとかカンバセーションの丸暗記もクリエイティビティーに欠ける、つまり非効率な学習法をしているということになってしまっている。

米原　クラスでは、生徒からいかにアドリブで英語を引き出すかですからね。スキットの暗記だけでそのアドリブ英語が出てくるかというと、やはりなかなか出てこないです

ね。

[晴山] むしろ先ほどのジョーデン博士のテキストの話の中で、Aさん、Bさんの1、2往復ぐらいの短い会話例しか出ていないということは、それは言い方を変えると、モジュールみたいな感じで、使える小道具は与えるけども、ストーリー丸暗記というのはクリエイティビティーに欠けるということでしょうか？

[米原] そうですね。小道具ですね。ジョーデン博士の日本語の教科書には Core Conversations という表現を使っています。会話はコアの部分だけです。

[晴山] 先ほどからの話をまとめると、ルールはルールでフィードバックしながらキチンと身につけるけれども、常にそれを使いこなす、クリエイティブに使いこなすということに主眼が置かれている、と。

会話のベースはセンテンス

[米原] そうです。自分の脳と口を使って英作する場合は、ワンセンテンスであってもいいわけです。会話はピンポンのようなワンセンテンスのやり取りが多いですし。パラグラフ単位で言いたい場合でも、パラグラフはワンセンテンスで成り立っているわけです。グラマーパターンと表

現のバラエティーは、ワンセンテンスの英作練習でドンドン増やしていけばいいんです。こうして表現の引き出しをたくさん作れば、パラグラフ単位、パッセージ単位の英作の練習も楽になっていきます。

(晴山) 大きく言ってしまえば、それが日本人が海外で自己表現が苦手であるということに結びつきますね。あえて言えば、国民性というより教授法に問題があったという風に考えると改善の余地が出てきます。

(米原) そうだと思います。教授法、学習法ですね。今の英語学習は英語が難言語なものだから、いろいろなところで妥協しすぎて、結局通じない、使えない英語になってしまっていると思います

コミュニケーションには相手がいるということが、もっと強調されていいと思うんですね。話し相手とよりスムーズにコミュニケーションをできるようにするためにはどうすればいいのか、ですね。そうすると、英語表現のバラエティーや発音の習得だけでは限界があります。日本語でのコミュニケーションの常識で英語で会話をすれば、ミスコミュニケーションだらけになります。面倒でも英語の自然なインターアクションの方法も学ぶ必要があるわけです。

学習ターゲットとなる英語は？

米原 それと、日本では、「英米の英語にこだわる必要はない。国際英語とか非ネイティブの英語で良いんだ」といった主張がよくなされています。でも、これほど日英で言語的距離があると、モデルになるターゲット英語抜きでは通じない日本語英語になりやすくなると思います。いろいろな英語が飛び交う国際英語のコミュニティーの中では、たぶん日本語英語が一番通じにくい「英語」です。ともかく、使える英語、通じる英語でないと意味ないと思います。

そのためにはターゲットの英語が必要です。私は米語が良いと思っています。米語が世界で一番馴染みがあり、かつ学ばれているのです。より米語のネイティブに近い表現、発音であればあるほど通じる英語、使える英語になるわけですね。それは米語のネイティブに対してのみならずいろいろな種類の英語の話者に対してもです。ネイティブになる必要はないけど、使える、通じる英語にしようと思ったらネイティブの英語をモデルにするのが一番です。

晴山 ターゲットという考え方は重要だと思うんですけど、ターゲットとどれだけ距離があるのか。その距離を最初に見定めることによって方法論が決まってくると思うんですね。どれだけ難しいかよくわかっていないで闇雲に

はじめるのはダメですね。難しいものは難しいと認識することで、逆に習得の方法が見えてくるという気がします。

Jアプローチの今後の展開

[晴山] 最後に伺いたいのは、Jアプローチが4技能を先取りしているだけではない、もっと先をいっている。このJアプローチを日本の英語教育に応用し、普及していきたいということで本を書いていらっしゃる。これから、向こう5年とか10年かけてこういう風にやっていきたいといった見通し、あるいは戦略といったものを伺いたいです。

[米原] アメリカでJアプローチが広まったのは、ジョーデン博士がコーネル大学に赴任し、日本語教育プログラムの運営に携わったのがきっかけでした。それが後に多くの大学や高校の日本語プログラムに採用されることになるのですが、それは多分コーネル大学のクラスデモをビデオか何かで見せたからだと思います。生徒の日本語の習得レベルの高さは誰の目にも明らかなわけです。「日本語で議論する」プログラムと「日本語について英語で議論する」プログラムとでは、やはり天と地ほどの差があります。

私もいずれクラスデモをやりたいです。「論」も重要か

もしれませんが、「証拠」が重要なんです。それによって、アメリカでそうであったように、Jアプローチを日本でも広めていきたいのです。少なくとも英語の教育者や学習者はJアプローチから学べることはたくさんあると思っています。

今は、非常に細々とJアプローチ援用型の英語塾をやっている程度です。「スピーキング中心の英語習得法」をアピールしても、誰も興味を示してくれません。生徒も親御さんも読み中心の英語の勉強法しか知らないのです。読み中心の大学入試が変わるのをジリジリしながら待っている感じですが、待ってばかりもいられません。

幸い、というか当然というか、Jアプローチの援用型の塾の手応えは非常にあります。高校1年生段階で英検準1級に合格している学生がおり、現在は英検1級の合格を目指しています。つまり、インターナショナルスクールの生徒や帰国子女でなくても、4スキルをバランスよく習得を試みるというJアプローチで「本来の英語」学習を行えば、生徒にとっては高校生低学年段階で英検準1級合格、高学年で英検1級合格が視野に入ってくるということを知ることができました。日本の高校生はいろいろな意味で可能性が大きいと思います（アメリカの日本語教育は環境的に恵まれていて特殊なケースだという人がいますが、実際には日本の英語教育の方が恵まれているところが非常に多いのです）。

ということは、Jアプローチを使う場合2つのことが言

えます。これは英語塾に限らず、学校の英語プログラムや予備校でも同様です(ちなみにJアプローチの場合のコミュニカティブなクラスのサイズは最大20名ほどで、グラマーのセッションは40名ほどまでです)。

入試英語でおつりが来る学習法

米原　1つ目は、読み中心の大学入試にパスすることが目的であっても、入試英語(つまり「特殊英語」)の学習はほとんどする必要がないということです。その英検準1級合格の生徒は、英語の模試の偏差値が90近くあり、偏差値75くらいの東大合格レベルよりはかなり上です。ですので、せいぜい入試の1週間ほど前に入試準備をするだけで、センター試験などは満点近くとれるでしょうし、東大や京大といった難関大学の入試もかなり楽に高得点がとれます。つまり、入試英語教育・学習をやらない方が、入試にはより楽に合格できるということです。

2つ目は、英検準1級合格レベルはTOEFL iBTのテスト換算では80点なので(TOEFL iBTの満点は120点です)、留学先の大学が求めている英語力はクリアーしていることになります。ちなみに英検1級合格レベルではTOEFLで100点ほどで、このTOEFLのスコアは北米の難関大学院が求めているレベルです。

仮にJアプローチで英語の習得を目指していた高校生が

入試英語の勉強、つまり読み中心の「特殊目的の英語」の勉強にドップリ浸かってしまったら、その高校生の「本来の英語」の力は確実に落ちていきます。帰国子女などの英語力も同様のことが起こります。英語の入試勉強の開始前には日本語と英語のバイリンガルだった帰国子女が、入試英語の勉強に丸1年間ドップリ浸かり、「本来の英語」が消え去り、日本語だけのモノリンガルになってしまった例を私は知っています。

私は図書館に行き、英語を勉強している学生を見る度にとても気の毒になります。我々の時代と同じように漢文を訓読するようなことを延々と何年もやらされるわけです。それが将来役に立てばいいのですが、そうでもないですし。グローバルな現代で、何かがおかしいことはほとんどの人は知っているんです。でも具体的にどうしていいのかわからない状況。「日本の英語教育はダメだ」と言うだけでは何の解決にもならなくて、これからは具体的にどうするのかについて、メソッドを提示できるかどうかが重要になってくると思います。Jアプローチは「ではどうするのか」の問いに対して、具体的でかつ有力な答えの1つになり得ると思っています。この本の出版を機に、少しでもJアプローチの存在を世間に知らせていきたいです。

晴山 そのプロジェクトの推進には、私も是非お手伝いしていきたいと思っています。

[米原] ありがとうございます。

カバーデザイン ＝ 岩目地英樹（コムデザイン）
本文デザイン・DTP ＝ 有限会社ギルド

Jアプローチ
「4技能時代」を先取りする凄い英語学習法

2015年8月8日　第1刷発行

著　者　米原 幸大、晴山 陽一
発行者　浦　晋亮
発行所　IBCパブリッシング株式会社
　　　　〒162-0804 東京都新宿区中里町29番3号 菱秀神楽坂ビル9F
　　　　Tel. 03-3513-4511　Fax. 03-3513-4512
　　　　www.ibcpub.co.jp

印刷所　株式会社シナノパブリッシングプレス

© 米原幸大、晴山陽一 2015
Printed in Japan

落丁本・乱丁本は、小社宛にお送りください。送料小社負担にてお取り替えいたします。
本書の無断複写（コピー）は著作権法上での例外を除き禁じられています。

ISBN978-4-7946-0362-3